全球特许金融科技师资格证书（CFtP）系列教程

财务分析

全球特许金融科技师资格证书（CFtP）系列教程编委 ◎ 编著

图书在版编目(CIP)数据

财务分析/全球特许金融科技师资格证书(CFtP)系列教程编委编著.—上海:上海财经大学出版社,2024.4
全球特许金融科技师资格证书(CFtP)系列教程
ISBN 978-7-5642-4202-2/F·4202

Ⅰ.①财⋯ Ⅱ.①全⋯ Ⅲ.①会计分析-资格考试-教材 Ⅳ.①F231

中国国家版本馆 CIP 数据核字(2023)第 122370 号

□ 责任编辑　刘　兵
□ 封面设计　贺加贝

财务分析

全球特许金融科技师资格证书(CFtP)系列教程编委　编著

上海财经大学出版社出版发行
(上海市中山北一路 369 号　邮编 200083)
网　　址:http://www.sufep.com
电子邮箱:webmaster @ sufep.com
全国新华书店经销
上海新文印刷厂有限公司印刷装订
2024 年 4 月第 1 版　2024 年 4 月第 1 次印刷

787mm×1092mm　1/16　12.25 印张　314 千字
定价:55.00 元

全球特许金融科技师资格证书（CFtP）系列教程编委会

主　　编	李国权（David LEE Kuo Chuen）　赵晓菊
编委会机构	上海财经大学金融学院
	上海财经大学上海国际金融中心研究院
	新加坡李白金融学院
编委会成员	白士泮（Pei Sai Fan）　邓　辛
	Joseph LIM　Kok Fai PHOON
	刘莉亚　柳永明
	闵　敏　王　钰
	闫　黎　曾旭东
	张　琪　张盛丽

目 录

第一部分　财务报表分析基础

第1章　理解利润表/3
1.1　收入确认/3
1.2　费用确认/5
1.3　利润表要素/6
1.4　每股收益的计算/8
1.5　同比利润表和基于利润表的财务比率/10
　练习题/14

第2章　理解资产负债表/19
2.1　资产负债表在财务分析中的用处与限制/19
2.2　资产、负债和权益/20
2.3　不同类型资产和负债及其测量基础/22
2.4　长期资产：资本化成本和费用化成本/29
2.5　折旧/33
2.6　非流动负债/35
2.7　所得税/40
2.8　股东权益的组成部分/43
　练习题/47

第3章　理解现金流量表/50
3.1　经营、投资和融资活动产生的现金流量/50
3.2　现金流量表与利润表和资产负债表的关联/53
3.3　直接和间接现金流量表的编制/54
　练习题/60

第二部分　财务分析与评估

第 4 章　财务分析技术/65
4.1　财务分析中使用的工具和技术/65
4.2　用途和局限性/66
4.3　运用比例分析对公司进行评估/68
4.4　杜邦分析的股本收益率及其成分变化的影响/73
练习题/74

第 5 章　财务报表质量与评价/78
5.1　管理利润表、现金流量表、资产负债表账目的方法/78
5.2　会计预警信号/80
5.3　公司收益的质量/81
5.4　盈余管理/82
5.5　现金流质量指标/85
5.6　资产负债表质量指标/86
5.7　获取关于风险的信息/87
练习题/88

第 6 章　财务报表分析的应用/90
6.1　评估信用质量/90
6.2　潜在股权投资的筛选/91
练习题/92

第三部分　财务管理

第 7 章　货币的时间价值/97
7.1　货币的时间价值概念/97
7.2　利率/98
7.3　单一现金流的终值和现值/100
7.4　一系列现金流量的终值和现值/104
7.5　时间价值建模问题/110
练习题/118

第 8 章　资产的收益与风险度量/122
8.1　收益/122
8.2　风险/125
练习题/126

第四部分　投资决策

第 9 章　资本成本/129
9.1　加权平均资本成本/129
9.2　债务成本/130
9.3　权益成本/133
9.4　优先股成本/139
9.5　资本成本税/140
9.6　组成部分权重/141
练习题/142

第 10 章　资本预算/146
10.1　资本预算流程/146
10.2　资本预算的方法以及优缺点/150
练习题/168

第五部分　营运资金和风险管理

第 11 章　短期流动性的来源/175
11.1　主要和次要来源/175
11.2　经营周期和现金循环周期/176
练习题/180

第 12 章　企业风险的框架与类型/182
12.1　套期保值策略/182
12.2　套期保值的决定/183
练习题/185

第一部分
财务报表分析基础

第1章 理解利润表

1.1 收入确认

通常情况下,一家公司在利润表中最先报告的是其收入。关于如何衡量和报告收入的决定是财务报表能否准确反映公司财务状况的关键性因素,财务报表的编制者必须全面了解收入报告的复杂性,即收入确认原则。对于财务报告的读者来说,评估一家公司收入确认的方法是否能准确地描述其现金流和收入也是至关重要的。

收入确认原则是一项会计原则,它确定了收入确认的具体条件,并决定如何对收入进行会计核算。

学习目标

了解收入确认的一般原则。

主要内容

要 点

- 利润表用于报告公司的收入和支出,相当于一段时期的净收入(或净亏损)。
- 利润表提供了公司在一个会计期间发生的支出、收入、收益和亏损的详细情况,基本关系可以表示为:收入－支出＝净收入。
- 管理利润表中要素计量的一项重要会计原则是权责发生制。
- 权责发生制会计有两个基本概念:收入确认和费用匹配。
- 以下情况需在利润表中确认收入:(1)完成义务并收到货款(盈利过程基本完成);(2)利润已经实现或可实现(现金收款有合理保证)。

重点名词

- 权责发生制(Accrual Accounting):以本期会计期间发生交易的影响为标准,而不一定是在公司收到或支付任何款项时。
- 收入(Revenue):一家公司因生产、销售商品和提供服务产生的流入或预期流入的经济资源。

1. 收入确认原则

通常情况下,一家公司在利润表中最先报告的是其收入。关于如何衡量和报告收入的决定是财务报表能否准确反映公司财务状况的关键性因素,财务报表的编制者必须全面了解收入报告的复杂性,即收入确认原则。对于财务报告的读者来说,评估一家公司收入确认的方法在于能否准确地描述其现金流和收入,这是至关重要的。

2. 什么是收入

收入是企业从日常经营活动中获得的收入,通常来自向客户销售产品和服务以及其他创利活动,如酬金。当一家公司获得收入时,就要报告收入以作会计处理。它通常表示企业在正常运营中的收入。一般来说,直到创造收入的过程几乎完成且收款的不确定性很小时,才会记录收入。收入在已经获得或工作完成时确认。

3. 收入确认的标准

收入确认最关键的一点是,收入确认可以独立于现金流动进行。收入在利润表中确认的情况如下:(1)完成义务并收到货款;(2)利润已经实现或可实现。

对于第一种情况,如果公司通过交付货物或服务履行了自己的职责,则收入被视为已经赚取。当公司实质性地完成了它必须做的事情并获得收益时,收益过程就完成了,公司有权获得收益。

第二种情况涉及应收账款的确定性。公司只有在收到现金时才是真正实现收入,但如果与所创造的资产相关的经济利益在未来确定能够实现,那么也可以说收入是可实现的,如未来从应收账款中收回现金。因此,判断确定性是权责发生制会计的重要组成部分。

请注意,在一些罕见的情况下,由于收入中可能出现混杂的或有负债,当确定作为收入的金额时,可能存在计量错误。一个具有说明性的例子是一家公司的退款担保或产品担保的存在可能导致产生的负债金额无法正确估计。现实生活中的一个例子是分期付款销售,公司最终收到的现金是不确定的。

同样地,公司也可能提前收取现金,然后再交付货物或服务,在这种情况下,公司将在最初收款时记录未实现收入。随着产品和服务的交付,这笔现金才能被确认为收入。在资产负债表中,未实现收入记为负债。

4. 收入确认的方法

一般情况下,收入在货物或服务销售或交付的时间点使用上述收入确认标准进行确认。然而,在有些情况下,收入是在货物和服务交付之前或之后确认的。

● 销售基准:收入在销售活动时确认,可以是现金,也可以是信誉良好的客户。

在某些情况下,如果取得货款或剩余成本的能力存在重大不确定性,那么在销售的这一时点不确认收入。在这种情况下,可以采用分期付款法,即按收到的现金比例逐期确认收入和费用,也可以采用完成合同法,即通过现金收款收回所有成本后才确认利润。

● 完工百分比法:按完工比例确认成本和收入。

该方法的适用范围包括长期合同,或者生产过程在完成可靠性评估后可能产生的成本和收入。完工比例的确定基于工程进度的近似值或发生的成本与预期总成本的比率。

● 完成合同法:仅在合同签订后确认收入和费用,并在完工百分比法不可行时使用。

1.2 费用确认

一个公司的费用反映了它的现金流出、负债的产生以及业务活动产生的资产损耗。根据某些特定的要求，费用可以按不同的格式分组和报告。

费用确认是指将资产转换为费用，通常发生在资产的效用被消耗时。

学习目标

了解费用确认的匹配原则。

主要内容

要　点

- 费用在发生时确认，并与其相应的收入相匹配。
- 费用包括：与收入相关的产品成本（如销售商品的成本、销售佣金）、特定时期发生的期间成本（如工资、租金、水电费）等。
- 费用确认的一般原则之一是匹配原则。费用应当可以与收入（如商品销售成本）或费用发生的时间（期间成本）或费用预期收益的时间（如折旧）相匹配。

重点名词

- 费用（Expenses）：公司为产生收入而发生的金额。
- 匹配原则（Matching Principle）：指在同一期间确认费用（用于产生收入）的会计实务。
- 权责发生制会计（Accrual Basis Accounting）：一种会计准则，收入在收到之前不入账，费用在发生之前不入账。

1. 什么是费用

按照国际会计准则理事会的概念框架，费用会在会计期间内以流出、资产损耗和企业活动产生的负债形式"减少"经济利益。严格来说，费用是指资产耗尽或负债发生。根据会计等式，费用会导致所有者权益减少。根据某些具体要求，费用可按不同的解释进行分组和报告。

2. 费用确认的一般原则

公司在损耗与支出相关的经济利益或丧失以前确认的经济利益的同一期间内确认费用。匹配原则是费用确认的一般原则之一。严格地说，国际财务报告准则（IFRS）没有将其命名为"匹配原则"，而是将其归为"匹配概念"或关于"成本与收入匹配"的方法论。

根据匹配原则，企业在每次确认相关收入时都会先确认某些费用（如销售商品的成本），再匹配费用和收入。匹配原则要求一个组织在同一时期内确认销售的商品的成本和该商品的销售收入。

期间成本是与收入不直接匹配的费用。期间成本也反映出企业有支出或负债增加的时间段。

匹配原则表明经营业绩只有在相关的收入和费用在同一期间内进行会计处理时才能计

量(先费用后收入)。公司在工作(服务)或产品创造收入时确认费用,而不是当工作完成并支付工资或产品生产完成时。因此,费用确认与收入确认相关。

在确认收入时,为产生收入而发生的费用需要与这些收入相匹配。

如果收入是在本期确认的,则合并费用在同一期间内确认并在利润表中列报。

如果收入预计是在未来确认的,则相关费用将资本化(在本期资产负债表中作为资产列报)。在未来期间确认收入时,公司再将这部分资产转换为费用。

对于与收入没有直接联系的成本,会计师必须制定一种类似于匹配原则的"合理并系统的"分配方法。然而,当这些成本可能没有未来收益时,匹配允许将一些成本递延并作为资产负债表上的资产进行报告。这一新原则允许资产负债表在不匹配成本被妄用的情况下成为不匹配成本的"倾销地"。

3. 财务分析的影响

在费用确认中,公司报告的收入可能会受到方法选择(即折旧计提的方法和存货处理的方法)以及评估(如坏账、保修费用、资产使用寿命和残值)的影响。分析师应认识到公司费用确认方法的差异,并在可能的情况下调整报告中的财务报表,以保证可比性。假设可用信息不允许调整,在这种情况下,分析师就可以根据政策来适当保守的定性评估财务比率和不同政策对公司业绩评价的影响。

1.3 利润表要素

利润表,或称损益表,提供了一家公司在一段时期内的收入、费用和净收益的信息。

学习目标

了解并掌握利润表的要素。

主要内容

要　点

- 公司通常在利润表底部报告净收益。
- 公司通常在报表中合并其控制的子公司。每家公司在净收益下方报告额外信息:有关归属于公司自身的净收益比例以及归属于非控股权益(也称为少数股东权益)比例的信息。
- 损益,即经济利益的增减,也计入净收益。它们可能出现在企业的日常活动中,但也可能不出现。
- 除报告净收益外,利润表还报告对财务报表使用者至关重要的信息,包括小计,如销售商品的成本、营业费用(研发、营销和广告、折旧、其他营业费用)、利息费用、所得税等。

重点名词

- 收益(Gains):与企业日常活动没有直接关联的资产流入。
- 损失(Losses):与企业日常活动没有直接联系的资产流出。

- 合并(Consolidation)：意味着所有子公司的费用和收入都包括在内，即使子公司拥有少于100%的股份。
- 归属于非控制性权益的净收益/亏损(Net Income/Loss Attributable to Noncontrolling Interest)：指归属于合并子公司中少数股东的收入相对于母公司本身的部分。

1. 利润表

企业的利润表是用来分析企业历史财务状况、预测企业未来经营状况，并评估企业未来产生现金流量能力的财务报表。利润表也被称为损益表、经营状况表或收益表。

根据美国公认会计准则(US GAAP)和国际财务报告准则(IFRS)，利润表可以作为单独的报表报告，并在之后附上以利润表中的收益或损失开头的综合收益表，或者作为单一综合收益表的一部分进行报告。

2. 利润表的构成要素

IFRS 要求在利润表中单独列示各种项目，如收入、财务成本和税务费用。IFRS 还要求，即使没有具体说明，也要列出与企业财务业绩有关的行项目、标题和小计。

但是，公司可以灵活地以不同的方式报告利润表。因此，报表的读者必须识别有关报告事项的信息，如年份顺序、费用项目如何分组和报告以及括号中内容的含义。

表1.1 是 ABC 公司的合并利润表。

表1.1　　　　　　　　　　ABC 公司合并利润表(以百万新元计)

费用项目	年份(以12月31日为截止日)	
	2019	2018
净收入	12 345	9 629
商品销售成本	(7 345)	(5 729)
毛利润	5 000	3 900
销售费用、一般费用和管理费用	(1 345)	(1 049)
其他收入(费用)	2 100	1 638
营业利润	5 755	4 489
利息收入	1 178	919
利息费用	(1 056)	(824)
税前利润	5 877	4 584
所得税	(1 918)	(1 496)
集团收益	3 959	3 088
集团利润份额	1 200	936
净收益	5 159	4 024
集团权益	3 869	3 018
少数股东权益	1 290	1 006

从表1.1可以看出,利润表中有多个组成部分。具体包括以下几个方面。
- 收入:指通常列在利润表第一行的公司销售额或营业收入,而术语"净收入"通常指现金或数量折扣调整后的收入。
- 费用:指正常活动产生的资金流出、资产损耗和负债。根据不同的要求,费用可以按其功能或性质进行分类,并以不同的格式报告。例如,有些公司可能希望将某一特定费用显示为单独的行项目,而有些公司则可能将该费用与其他成本相加,并将总额报告在单个行项目中。企业可以采用任意一种方式在利润表上报告金额,如费用是如何反映为净收益的减少的。公司也可以选择在括号中列出费用,如销售商品的成本或销售费用,这有助于表明这些费用应当从收入中减去从而减少净收益。相比之下,有些公司可能不使用括号,而是假设报表的使用者理解该项目是一项支出,最终必须在列出净收益之前减去。
- 毛利润:指扣除交付货物或服务的成本后的剩余收入。显示毛利润小计的利润表不采用单步式,而是采用多步式。得到毛利润后,还需要减去公司在营业过程中产生的其他费用。
- 营业利润:通常被称为息税前利润(EBIT),由毛利润减去营业费用(如销售费用、一般费用和管理费用)得出。息税前利润反映了企业在扣除税款或利息支出(对于非金融公司)之前从其正常经营活动中获得的收益。金融类公司是个例外,这类公司的利息费用包含在其营业费用中,因此需要在营业利润之前扣除。
- 净收益:通常被称为"净赚"或"损益",出现在利润表的下半部分,因此也可以被称为"底线"。通常,净收入是利润表中最关键的数字,因为它可以代表一个企业在一段时期内的业绩表现。归属于公司、少数股东权益或非控股权益的净收入比例信息通常在净收益下方列出。当公司以合并格式报告利润表时,其控制的所有子公司的信息将被合并。合并报表意味着即使公司持股比例低于100%,其子公司的收入和费用也将全部包括在内。净收益包括"收益"和"损失",分别指经济利益的增加和减少。实际上,净收益是由收入减去企业正常活动中的费用,加上其他收入减去其他费用,再加上利得减去任何损失而得。

参考文献/拓展阅读

[1] Robinson T, Henry E, Pirie W, etc(2015), *International Financial Statement Analysis 3rd ed*, Wiley, chap 4.

[2] Subramanyam K R(2014), *Financial Statement Analysis 11th ed*, McGraw Hill, chap 1 and 2.

1.4 每股收益的计算

每股收益(EPS)和稀释每股收益是用于公司基本面分析的盈利能力指标。

学习目标

了解并掌握如何计算每股收益。
计算并解释公司每股收益(基本每股收益和稀释每股收益)。

主要内容

要 点

- 基本每股收益是普通股股东可获得的收益(即净收益减去优先股股息)除以一段时期内发行在外的普通股的加权平均数。
- 复杂和简单资本结构之间的差异会导致每股收益的计算出现不同,因为可转换为普通股的金融证券可能会在转换权行使后稀释(即减少)每股收益。

重点名词

- 复杂的资本结构(Complex Capital Structure):当公司发行任何可转换为普通股的金融工具时,就可以称公司拥有复杂的资本结构。可转换为普通股的金融工具包括可转换债券、可转换优先股、员工股票期权和认股权证。
- 简单资本结构(Simple Capital Structure):如果一家公司的资本结构不包括潜在的可转换金融工具,则称其为简单资本结构。
- 基本每股收益(Basic EPS):指普通股股东可获得的净收益(即净收益减去优先股股利)除以已发行普通股的加权平均数。
- 稀释每股收益(Diluted EPS):指所有可转换的证券转换为普通股时的每股收益。
- 稀释股份(Diluted Shares):当所有具有潜在稀释性普通股(如可转换债券、可转换优先股和员工股票期权)的债权均已行使时已发行股份的数量。
- 如果转换法(If-Converted Method):一种会计方法,用于确定可转换证券对每股收益(EPS)的影响,如果可转换证券在期初已转换,则需要考虑转换对净收益和已发行股份的加权平均数的影响。
- 库存股法(Treasury Stock Method):一种确定期权(和认股权证)对每股收益(EPS)影响的会计方法,可以具体说明若期权和认股权证已行使且公司已将收益用于回购普通股时每股收益会受到的影响。

IFRS 和 US GAAP 都要求在利润表中报告公司的每股收益(EPS),包括净损益(净收益)和持续经营损益(收益)。然而,每股收益的计算取决于公司的资本结构。

分析师应当区分简单和复杂的资本结构。简单的资本结构表明,公司只有普通股、不可转换债务和不可转换优先股,没有任何潜在的稀释性证券。复杂的资本结构表明,公司包含潜在的稀释性证券,如期权、认股权证或可转换证券。这些被称为稀释性证券,因为当持有人行使转换普通股的权利时,公司的每股收益将减少。

资本结构简单的公司只报告基本每股收益。所有资本结构复杂的公司都必须同时报告基本每股收益和稀释每股收益。表达式如下:

$$基本每股收益 = \frac{净收益 - 优先股股利}{加权平均发行股数} \tag{1.1}$$

$$稀释每股收益 = \frac{净收入 + 可转债息税后利息 - 优先股股利}{流通在外的加权平均股数 + 转换后额外发行的普通股} \tag{1.2}$$

基本每股收益由母公司普通股股东可获得的收益除以已发行股份的加权平均数得出。普通股股东可获得的收益金额等于净收益减去已支付的优先股股利(如有)。加权平均已发行股份数是已发行普通股的时间加权数。

稀释每股收益是指所有稀释性证券转换后的每股收益。如果一个企业拥有一个简单的资本结构(不含有任何潜在稀释性金融证券),那么其稀释每股收益等于其基本每股收益。相反,如果一个企业存在潜在稀释性金融证券,那么其稀释每股收益将与其基本每股收益不同。根据上述定义,稀释每股收益总是小于或等于基本每股收益。

以下列出了确定稀释每股收益的三种常见类型的潜在稀释性金融证券。

(1)假设公司有可转换优先股(如果转换法)。在这种情况下,该方法可以确定可转换优先股在期初转换时的影响。稀释每股收益定义为净收益减去优先股股利除以基本每股收益计算中流通在外的加权平均股数和转换时额外发行的普通股之和。

$$稀释每股收益 = \frac{净收益 - 优先股股利}{流通在外的加权平均股数 + 转换后额外发行的普通股} \quad (1.3)$$

(2)当公司有可转债时(如果转换法),假设可转换债务在期初已转换,则稀释每股收益产生。如果可转债已经转换,那么可转债就不再存在,取而代之的是额外发行的普通股。

$$稀释每股收益 = \frac{净收入 + 可转债息税后利息 - 优先股股利}{流通在外的加权平均股数 + 转换后额外发行的普通股} \quad (1.4)$$

(3)当一家公司拥有股票期权、认股权证或任何其他等价物(库存股法)时,我们对金融证券行权的假设如下:①假设企业在行权时收到现金,并以交换方式发行股票;②假设企业将所得现金以行权期间的加权平均市场价格回购股份。

那么,计算稀释每股收益将产生以下结果:

$$稀释每股收益 = \frac{净收益 - 优先股股利}{\substack{流通在外的加权平均股数 + 期权行使时本应发行的新股 \\ -行权时本可以用收到的现金购买的股份 \times 该金融工具流通的年度时间比例}} \quad (1.5)$$

特定的潜在可转换证券可以是反稀释证券(即将其纳入计算得出稀释每股收益高于公司基本每股收益的结论)。根据 IFRS 和 US GAAP 的规定,计算稀释每股收益时不包括反稀释证券。稀释每股收益应反映稀释性金融证券在转换或行权后造成的最大潜在稀释。此外,稀释每股收益总是小于或等于基本每股收益。

分子和分母的变化说明了每股收益在计算上的差异,而想要了解这些变化的原因,我们需要进一步的研究。下一节将介绍分析工具,分析人员可以使用这些工具来着重分析一些检测区域。

参考文献/拓展阅读

Subramanyam K R(2014), *Financial Statement Analysis 11th ed*, McGraw Hill, chap 6 & pp. 385—389.

1.5 同比利润表和基于利润表的财务比率

盈利能力比率和同比利润表为公司的业绩变化提供了分析角度。

1.5.1 同比利润表分析

同比利润表是指每一行项目都表示为收入或销售额的百分比的利润表。

学习目标

将利润表转换为同比利润表。

主要内容

要　点

- 盈利能力比率和同比利润表为公司的业绩变化提供了分析角度。
- 利润表的同比分析可以通过将利润表上的每个行项目表示为收入的百分比。
- 同比利润表提供了跨时期(时间序列分析)和公司之间(横断面研究)的比较,因为每个行项目的标准化抵消了规模效应。

重点名词

- 同比分析(Common-Size Analysis):对财务报表项目使用一个共同的分母或对照物后再重组,可以帮助使用者识别数据趋势和重大差异。例如,所有项目均按收入的百分比列示利润表。

同比利润表分析是通过将利润表中的每一行项目列为收入的百分比来进行的。同比利润表允许分析师跨不同时期(时间序列分析)与不同公司(横断面研究)进行比较,因为每个行项目的标准化抵消了规模效应。

在同比利润表中,财务报表中的所有项目都显示为共同基数的百分比。对于利润表,通常选择总销售额作为共同基数,因为销售额几乎影响所有费用类别。而在资产负债表中,通常选择总资产作为共同基数。

同比利润表可以方便地跨公司或就给定公司不同时期的数据进行分析。例如,通过将不同财政年度的所有资产负债表金额列示为总资产的百分比,分析师可以很容易地观察到资产和负债组中账户是随时间变化的。通过同比格式重组不同公司的财务报表,分析师可以比较不同公司之间的差异,或将公司的财务数据与行业平均值进行比较。分析师还可以将个别项目的业绩归因于内部管理或与行业水平分析相关的操作环境。这类分析可作为信用或股权分析的宝贵投入,以用来制定行业层面的战略。

使用同比利润表可有助于分析师发现从原始财务报表中看不出的趋势。因此,分析师可以就公司经营业绩得出一些有用的结论,如盈利能力、费用比率,或公司在以前报告期内流动和非流动资产的资源配置。此外,同比利润表突出了不同公司间战略的差异。

请注意,同比利润表分析还为更先进的财务分析工具(如资产构成分析和公司资本结构风险评估)提供了有价值的投入。

以下是一个将财务报表转换为同比利润表的示例(见表 1.2)。

表 1.2　　　　　　　　　　　　　年度利润表示例　　　　　　　　　　　　单位:千美元

费用项目	年份(以 12 月 31 日为截止日)	
	2019	2018
收入	560 000	400 000

续表

费用项目	年份(以12月31日为截止日)	
	2019	2018
商品销售成本	**350 000**	**240 000**
毛利润	210 000	160 000
销售费用、一般费用和管理费用	100 000	89 000
折旧费用	80 000	50 000
其他营业费用	6 000	4 500
营业利润(息税前利润)	24 000	16 500
利息费用	**2 000**	**1 500**
税前收入(EBT)	22 200	15 000
所得税准备金	**6 000**	**4 000**
持续经营收入	16 000	11 000
非连续性经营收入(税后)	**1 000**	**0**
净收益	**15 000**	**11 000**

要将其转换为同比格式,首先必须确定要使用的共同基数。按照惯例,我们选择总销售额作为同比利润表的共同基数。将所有项目除以顶行总销售收入,结果如下:

年度同比利润结果　　　　　　　　　　　　　　　单位:%

费用项目	年份(以12月31日为截止日)	
	2019	2018
收入	100	100
商品销售成本	**63**	**60**
毛利润	38	40
销售费用、一般费用和管理费用	18	22
折旧费用	14	13
其他营业费用	1	1
营业利润(息税前利润)	4.3	4.1
利息费用	**0.4**	**0.4**
税前收入(EBT)	4	4
所得税准备金	1	1
持续经营收入	3	3
非连续性经营收入(税后)	**0.2**	**0**
净收益	**2.7**	**2.8**

从上表可以看到，该公司 2019 年在每单位美元销售额的净收益是 2.7 美分，2018 年为 2.8 美分。请注意，2.7% 和 2.8% 的数字实际上是作为比率分析的一部分所计算出的净利润率（即净收益/总销售额）。因此，分析师可以从同比利润表中获得有关公司盈利能力的有用信息。

1.5.2 基于利润表的财务比率

财务比率可以用来进行定量分析以及评估公司的流动性、杠杆率、增长率、利润率、盈利能力、回报率、估值等。

学习目标

根据同比利润表和财务比率评估公司的财务业绩。

主要内容

要　点
- 基于利润表的两种收益衡量方法是毛利率和净利润率。
- 净利润率也称为利润率和销售回报率，它代表企业每一美元收入所能产生的净收益。
- 毛利率代表企业每一美元收入所产生的毛利润。

重点名词
- 净收入（Net Income）：收入和费用之间的差额；从收入中减去所有费用（包括折旧、利息和税金）后剩余的现金量。
- 净利润率（Net Profit Margin）：计算公式为净收益除以收入，表明公司的盈利能力。净利润率还表明扣除所有成本和费用后每一美元的收入还剩余多少，也就是利润率或销售回报率。
- 毛利润（Gross Profit）：按销售额减去销售成本（即为制造公司销售商品的成本）计算。
- 毛利润率（Gross Profit Margin）：指毛利润与收入的比率。

盈利能力表明公司的财务业绩。财务比率和同比利润表有助于确定这种盈利能力，同时对企业财务业绩的变化提供了分析角度。

许多财务比率有助于衡量盈利能力，如毛利率和净利润率，它们可以通过对利润表进行同比化得到。

1. 净利润率

企业的销售回报率或净利润率代表企业每一美元收入所能产生的净收益，其形式如下：

$$\text{净利润率} = \frac{\text{净收益}}{\text{销售收入}} \tag{1.6}$$

较高的净利润率意味着较高的盈利水平。

2. 毛利率

毛利率是衡量盈利能力的另一个指标。其计算公式为：

$$\text{毛利率} = \frac{\text{毛利润}}{\text{销售收入}} \tag{1.7}$$

毛利润等于收入减去销货成本。

如上述公式所示,毛利率衡量企业从每一美元收入中获得的毛利润。与净利润率一样,毛利率的提高也意味着盈利水平更高。

参考文献/拓展阅读

[1] Robinson T, Henry E, Pirie W, etc(2015), *International Financial Statement Analysis* 3rd ed, Wiley, chap 4.

[2] Subramanyam K R(2014), *Financial Statement Analysis* 11th ed, McGraw Hill, chap 1 and 2.

练习题

习题1

下列可以确认收入情况的是(　　)。

A. 小米收到 Best Denki 的高清平板电视订单

B. Runner's World 杂志社寄出了读者们在上个季度已经提前付费订阅的杂志

C. 利物浦出售下个月的足球比赛门票并收到现金

习题2

一家公司在7月发生了以下交易:

①收到了一位顾客900美元的现金,该现金是顾客为7月提供的服务支付的酬金

②以2 200美元现金发行股票

③从一名客户处收到750美元,作为其应收账款的一部分,这笔应收账款来自6月的销售

④为客户提供信用服务,客户赊账375美元

⑤通过签署欠票从银行借了6 000美元

⑥从一位客户那里收到1 250美元现金,这笔现金是顾客为明年提供的服务提前支付的酬金

按照收入确认原则,7月收入是(　　)。

A. 900美元　　　　　　B. 1 275美元　　　　　　C. 2 525美元

习题3

按照费用确认原则,下列应在本期记录费用的是(　　)。

A. ZARA 用现金从一个小贩那里购买T恤

B. 一家大型电影制作公司为《星球大战》剧组提供现金预付款,用于拍摄未来的电影续集

C. Shaw 剧院的一名新员工工作了整整一个月,还没有拿到工资

习题4

根据 ABC 公司的以下信息,计算出净收入,包括少数股东权益和归属于 ABC 公司的净收入。

单位：千美元

利息费用	3 000
销售收入	100 000
租金费用	2 800
工资费用	80 000
物资费用	4 000
利息收入	7 100
少数股东权益	1 000

以下说法正确的是（　　）。

A. 包括少数股东权益在内的净收入为 1 730 万美元，归属于 ABC 公司的净收入为 1 630 万美元

B. 包括少数股东权益在内的净收入为 1 020 万美元，归属于 ABC 公司的净收入为 920 万美元

C. 包括少数股东权益在内的净收入为 2 030 万美元，归属于 ABC 公司的净收入为 1 960 万美元

习题 5

截至 2019 年 12 月 31 日，ABC 公司的净收入为 3 800 万美元。该公司宣布并支付了 200 万美元的优先股股息。ABC 公司于 2019 年 1 月 1 日流通在外的普通股数为 800 万股，2019 年 12 月 31 日流通在外的普通股数为 1 200 万股。2019 年 10 月 1 日，公司发行了 400 万股股份。

以下关于公司的时间加权平均流通股数和基本每股收益正确的是（　　）。

A. 时间加权平均股数为 1 000 万股，基本每股收益为 3.6 美元

B. 时间加权平均股数为 900 万股，基本每股收益为 4 美元

C. 时间加权平均股数为 900 万股，基本每股收益为 4.22 美元

习题 6

Notel 公司将公布的季度每股收益（EPS）为 1.15 美元（截至 11 月 30 日）。假设下列事件发生在 11 月 30 日上午，那么会导致 EPS 度量值降低的事件是（　　）。

A. 公司向供应商支付赊购存货的货款

B. 该公司购买另一家公司的 10 股普通股

C. 该公司重新发行其持有的库存股

习题 7

截至 2019 年 12 月 31 日，ABC 公司的净收入为 120 万美元。该公司平均有 50 万股普通股发行在外，2 万股可转换优先股，没有其他潜在的稀释性证券。每股优先股支付每股 2 美元的优先股股息，并可转换为两股公司普通股。

关于公司基本每股收益和稀释每股收益，以下正确的是（　　）。

A. 基本每股收益为 2.20 美元，稀释每股收益为 2.22 美元

B. 基本每股收益为 2.40 美元，稀释每股收益为 2.32 美元

C. 基本每股收益为2.32美元,稀释每股收益为2.22美元

习题8

下列陈述不正确的是( )。

A. 如果一个企业拥有一个简单的资本结构(换句话说,一个不包含潜在稀释性金融工具的资本结构),那么它的基本每股收益等于它的稀释每股收益

B. 当一个企业有在外的可转债时,稀释每股收益的计算就如同可转债在期初被转换一样。如果可转债已经转换,那么债务证券将不再流通在外,而变为额外发行的普通股。如果发生了这种转换,那么公司将不会支付可转债的利息,普通股股东可获得的净收入将因可转债的税后利息费用而增加

C. 在所有情况下,稀释每股收益均小于基本每股收益

习题9

下列关于同比利润表的陈述正确的是( )。

A. 同比利润表便于跨公司比较(横截面分析),因为每个行项目的标准化消除了规模效应。尽管如此,但它还是无法帮助同一家公司跨时期进行比较(时间序列分析)

B. 同比利润表以净收入的百分比重组利润表的每一行

C. 分析师可以从同比利润表中推断出一些信息来确定其策略

习题10

ABC公司利润表信息如下:

单位:千美元

销售收入	100 000
销售成本	30 000
其他营业费用	28 000
利息费用	21 000
税费	1 000

公司的毛利率和净利润率是( )。

A. 公司毛利率为70%,净利润率为20%

B. 公司毛利率为42%,净利润率为20%

C. 公司毛利率为70%,净利润率为21%

参考答案

习题1

答案:选项B是正确的。

实现收入的两个条件:一是已赚得;二是已实现或可实现。在确认收入之前,必须满足这两个条件。当产生价值的交易在该期间产生影响时确认收入,而不一定是在本公司收到或支付现金时确认收入。小米和利物浦没有履行他们的服务,所以收入还没有赚到。只有Runner's World杂志社的收入已经获得且已经履行发货责任。

习题 2

答案:选项 B 是正确的。

回想一下确认收入的条件,交易①和④都满足这两个要求。

① 现金 900　　　　收入 900
② 现金 2 200　　　股本 2 200
③ 现金 750　　　　应收账款 750
④ 收入 375　　　　应收账款 375
⑤ 现金 6 000　　　应付票据 6 000
⑥ 现金 1 250　　　未实现收入 1 250

因此,总收入为:900+375=1 275 美元。

习题 3

答案:选项 C 是正确的。

费用确认的匹配原则要求在一个会计期间内为赚取收入而消耗的资源应记录在该期间内,而不考虑现金支付时间。ZARA 和主要电影制作公司还不能实现收入(收入要么还未赚取,要么无法实现),因此相应的费用也不能入账。

习题 4

答案:选项 A 是正确的。

单位:千美元

销售收入	100 000
利息收入	7 100
费用:	
租金费用	2 800
工资费用	80 000
物资费用	4 000
利息费用	3 000
包含少数股东权益的净利润	17 300
少数股东权益	1 000
归属于 ABC 公司的权益	16 300

习题 5

答案:选项 B 是正确的。

已发行股份的时间加权平均数由每股股份的发行时间长短决定。

加权平均已发行股份数:$800 \times (9 \div 12) + 1\,200 \times (3 \div 12) = 900$(万股)

基本每股收益=(净收益-优先股股息)÷时间加权平均股数=$(3\,800 - 200) \div 900 = 4$(美元)

习题 6

答案:选项 B 是正确的。

重新发行库存股将导致普通股的平均流通股数增加,因此每股收益将减少。

习题 7

答案：选项 C 是正确的。

当一家公司拥有流通在外的可转换优先股时，稀释每股收益采用如果转换法计算，即计算可转换优先证券在期初转换后的每股收益。因此，稀释后流通股数量等于 54 万股[50 万股流通普通股＋4 万优先股转换后发行的额外股份(20 000×2＝40 000 股)]。计算基本每股收益时的流通股数量等于 50 万股普通股。如果发生这种转换，公司就不会支付优先股股息。因此，在如果转换法下，普通股股东计算稀释每股收益的净收益不需要减去优先股股利，公式如下：

基本每股收益＝(净收益－优先股股息)÷加权平均流通股数量＝(1 200 000－2×20 000)÷500 000＝2.32(美元)

稀释每股收益＝(净收益－优先股股息)÷(加权平均流通股数量＋优先股转换后发行的额外股份)＝(1 200 000－0)÷(500 000＋40 000)＝2.22(美元)

习题 8

答案：选项 C 是正确的。

一般来说，稀释每股收益等于或小于基本每股收益，但并不一定在所有情况下都是这样。例如，当公司发行了可转换优先股时，公式如下：

$$稀释每股收益 = \frac{净收益-优先股股利}{流通在外的加权平均股数+转换后额外发行的普通股}$$

在计算稀释每股收益时，分子和分母都会增加。因此，稀释每股收益不一定小于基本每股收益。

习题 9

答案：选项 C 是正确的。

同比利润表便于跨公司不同时期比较。同比利润表将利润表中每行按照收入的百分比重新报告。

习题 10

答案：选项 A 是正确的。

毛利＝收入－销售成本＝100 000－30 000＝70 000(千美元)

毛利率＝毛利÷收入＝70 000÷100 000＝0.7＝70%

净利润＝收入－支出＝100 000－30 000－28 000－21 000－1 000＝20 000(千美元)

净利润率＝净利润÷收入＝20 000÷100 000＝0.2＝20%

第 2 章　理解资产负债表

资产负债表(Balance Sheet)概括了公司在某一特定时间点累计的财务状况。它回答了"期末公司财务状况如何"的问题。资产负债表也被称为财务状况表(Statement of Financial Position 或 Statement of Financial Condition)。

2.1 资产负债表在财务分析中的用处与限制

资产负债表的三个限制：资产按照历史成本记录；使用估计的方法记录；遗漏有价值的非货币资产。

学习目标

描述资产负债表在财务分析中的用处与限制。

主要内容

要　点

- 分析公司的资产负债表有助于提供对于公司所掌控的经济资源的见解。
- 会计方法的差异会限制横断面上的财务比率分析。
- 同一公司内部经营活动的同质性缺乏会限制不同业务间的可比性。对于在多个不同行业经营的多元化公司，根据不同业务线使用特定的行业比率可以提供更好的对比分析。
- 资产负债表未反映那些无法用金钱表示的资产，例如技能、才智、诚实和员工忠诚度。
- 有些流动资产是从估计出发确定价值的，因此资产负债表无法反映企业的真实财务状况。

重点名词

- 账面价值(Carrying Value / Book Value)：会计中的账面价值指资产在资产负债表中的账目余额。该值基于资产的原始成本减去该资产的任何折旧、摊销和减值成本。
- 同质性(Homogeneity)：由相同种类而非异质的部分或元素组成。
- 横截面(Cross-Sectional)：一种分析总体数据或代表性子集数据的观察性研究，可以在任何使用横断面数据的时间点上使用。

资产负债表的目的是,在特定时间点上提供企业财务状况的信息。该报表显示了一个主体所拥有的(资产)、所亏欠的(负债),以及在业务中的投资额(权益)。资产负债表对财务报表的使用者而言是非常有用的工具,然而它仍存在一些局限性。

1. 资产负债表的用处

资产负债表提供了公司在给定时间点上的财务状况信息。关于公司所管理的资产以及这些资产的融资方式,它提供了非常有价值的信息。

在分析公司如下能力时,资产负债表可能是分析人员的有益工具:为其当前经营活动(流动资金头寸)付款的能力、履行未来债务义务的能力以及给利益相关者分配的能力。

2. 资产负债表的缺陷

资产负债表中各要素的计量方法不同。某些资产和负债以历史价值呈现,而其他资产和负债则以当前市场成本价呈现。测量方法的选择会影响报表记录的数字。

以当前市场成本计价的项目,提供了会计期末"当前"成本的信息。但是,当完成了资产负债表制作后,这些值可能会产生显著的差异。

资产负债表不能反映公司的特性,例如管理技能或声誉。

最后,资产负债表不能以货币形式表示无形资产,例如技能、才智、诚实和员工忠诚度。

2.2 资产、负债和权益

资产、负债和股东权益是资产负债表的三个主要组成部分。

学习目标

理解资产负债表的会计等式,描述资产负债表的要素:资产、负债和权益。

主要内容

要　点

- 财务状况表(或通常称为资产负债表)反映了一个主体所拥有(或控制)的、所亏欠的,以及利益相关者在特定时间点的声明。
- 资产负债表概述了一个企业的资产、负债和股东权益。
- 资产负债表是根据此公式编写的:资产＝负债＋所有者权益。

重点名词

- 资产(Assets):指的是公司拥有(或控制)的东西。在一个更正式的定义中,资产是公司由于过去的事件而控制的资源,并且从中可以预期未来流向该主体的经济利益。
- 负债(Liabilities):指公司所欠债务。更正式地说,负债是指一个主体因过去的事件而产生的义务,或其结算将导致未来经济利益的流出。
- 股东权益(Stockholders' Equity):代表公司净资产(在负债被计提后)中的剩余权益。
- 资产负债表(Balance Sheet):被称为"一个公司财务状况的概述"。一个标准的公司资产负债表包含三个部分:资产、负债和所有者权益。
- 存货(Inventory):包括准备出售的货物、原材料和部分完成的产品(这些产品在完成后将被出售）。
- 营运资本（Working Capital）：也被称为净营运资本（NWC），是指公司的流动资产与流动负债之间的差值。流动资产包括现金、应收账款（客户未支付的账单）、原材料和成品库存等。流动负债包括应付账款等。

财务状况表或财务情况表通常被称为资产负债表，是反映一个公司在某个时间点的资产、负债和所有者权益信息的财务报表。资产负债表显示了关于公司所持有的和所欠的以及所有者声明对公司资产所有的信息。

资产、负债和权益是资产负债表的三个基本要素。
- 资产是一个公司所持有或控制的东西，并且从中可以预期未来流向该公司的经济利益。
- 负债是指公司所亏欠的所有事物。公司有义务向个人或组织或债权人对资产的索赔支付。
- 所有者权益或股东权益是在公司资产中扣除负债后所有者的剩余权益。

这三个基本要素之间的关系可以表示为一个基本的会计等式，其形式为：

资产（Assets）＝负债（Liabilities）＋所有者权益（Owners' Equity）

等式 A＝L＋E 可用下述方式概括：等式的左边反映了公司的资源，右边反映了这些资源是如何融资的。资产、负债和所有者权益的定义如上。实缴资本指的是公司所有者贡献的资本。期末留存收益指的是公司期末保留的累计收益。

会计等式表明，公司拥有的（资产）必须与公司欠下的（负债和权益）相符。下面是一个资产负债表样本。

截至 20×× 年 12 月 31 日的资产负债示例

现金	200	应付账款	300
应收账款	800	应付工资	400
存货	1 000	应计负债	500
流动资产	**2 000**	**流动负债**	**1 200**
房地产、工厂和设备的净值	1 000	债券	1 800
		所有者权益：	
长期投资	500	普通股	500
净商誉	500	留存收益	500
总资产	**4 000**	**总负债及权益**	**4 000**

从上面的例子中可以注意到，资产和负债通常被分为流动的和非流动的。回顾一下，当前金额是指在一年内或运营周期内（以较长者为准）预计会出现的经济资源流入或流出。非流动金额指的是在一年后或运营周期后预计会发生的经济资源的潜在流入或流出。需要记住的一个正确的术语是"营运资本"，它是流动资产与流动负债之间的差值。

资产负债表信息是截至某一特定时间点的信息。这些信息来自公司的年度财务报表，所以资产负债表上的信息是各公司财政年度最后一天的信息。

根据现行的会计准则,资产负债表是一个关于评估的混合模型。资产负债表中的某些资产和负债是以历史成本为基础进行测算的,有时还要进行调整。相反,其他资产和负债是以公允价值为基础进行测算的,代表其在资产负债表制定日期的当前价值。

所选择的测量方法会影响到所记录的数字。即使这些项目正确地反映了报告时间点上的价值,它们也有可能在报告日之后发生变化。一个公司的价值是许多属性组合构成的函数,包括公司预计产生的未来现金流和当前的市场条件。有些重要的特性,如管理技能或声誉等,并不包括在资产负债表中。

参考文献/拓展阅读

[1] Robinson T, Henry E, Pirie W, etc(2015), *International Financial Statement Analysis 3rd ed*, Wiley, chaps. 5, 9, 10, and 13.

[2] Subramanyam K R. (2014), *Financial Statement Analysis 11th ed*, McGraw Hill, chaps. 3, 4, and 6.

2.3 不同类型资产和负债及其测量基础

2.3.1 历史成本对比公允价值会计

在资产负债表上,报告的资产和负债价值可以根据公允价值或历史成本来估计。

学习目标

理解历史成本与公允价值会计之间的差异。

主要内容

要　点

- 历史成本指的是已经发生的实际交易中所记录的价值。
- 公允价值提供了基于市场估值或市场假设的资产经济价值(或负债)的最新信息。
- 现行会计准则下的资产负债表是一种关于计量的混合模型。资产负债表中的一些资产和负债是按历史成本计价的。相反,其他资产和负债则以公允价值计价,代表其在资产负债表日的当前价值。

重点名词

- 历史成本(Historical Cost):指购买资产所支付的金额,包括关于资产和负债的任何购置和准备费用,也指发行负债的金额收入。
- 公允价值(Fair Value):知情的、有意愿的各方在公平交易中可以交换的资产或清偿负债的合理、无偏的金额被称为公允价值。公允价值也被称为在不同当事人之间的有序交易中,出售一项资产所能收到的价格或转移一项负债所支付的价格。

用于记录资产价格或价值的两种方法是公允价值会计和历史成本会计。历史成本估计的是资产原始成本的价值,而公允价值估计的是资产的当前市场价值。

1. 历史成本法

在一个主体的会计记录中，历史成本是一项资产的原始成本。在一个组织的会计记录中，许多交易都是按其历史成本陈述的。这一成本原则澄清了这一过程，指出人们应该只按原始购置成本记录一项资产、负债或股权投资。人们可以通过查阅原始购买或交易文件来轻松证明历史成本。然而，历史成本的缺点是，它不一定代表资产的实际公允价值。随着时间的推移，公允价值可能会与购买成本有所偏差。然而，在某些情况下，以历史成本对资产进行估值，可以防止在市场波动条件下导致资产增值时夸大资产的价值。

尽管在某些类型的资产测量上公允价值正在取代历史成本，如市场投资，但历史成本仍然是记录资产时的一个核心概念。逐渐用公允价值法取代历史成本法的做法，是由于人们认为历史成本所呈现的组织状况过于保守。

2. 公允价值法

以当前市场价值衡量资产和负债的做法被称为公允价值会计。公允价值是指能够以对买卖双方都公平的价值出售资产或清偿负债。这是一种公司用来报告资产和负债的方法，如果公司要出售资产或被减轻负债，资产和负债的金额就会按照评估被确定。理想中公允价值的确定，建立在活跃市场提供的价格之上，即有足够多的交易量来提供持续的价格信息。

尽管这两种方法都在主体公司计算其收入和财务状况时被广泛采用，但对两种方法使用的优先级仍存在争议。历史成本会计按照交易时的初始价格对资产和负债进行报价，而公允价值会计报告的是市场上的现行价格。这两种方法都会影响财务报表，但公允价值会计的影响更极端，因为它有潜在的波动性。公允价值会计通常被优先考虑，因为它反映了市场的当前情况，而历史成本会计是以过去为基础的。此外，相对而言，公允价值会计为用户提供了更多最新的财务信息和可视性。[①]

2.3.2 不同类型的资产

资产被分为各种类别，用于会计、税收、衡量一个主体的价值或财务健康情况。

学习目标

描述不同类型的资产及其计量基础。

主要内容

要 点

- 流动资产是指在一年内或运营周期内（以较长者为准）预计可能发生的经济资源流入。而非流动资产是指预计在一年后或运营周期后可能发生的经济资源流入。
- 现金和现金等价物是现金或高度流动的短期投资，其到期日应少于 90 天。它们按照公允价值或摊销成本报告。
- 有价证券包括在公开市场上交易的债券或股本证券，其价值可以从公开市场的价格

[①] Jaijairam P(2012), Fair Value Accounting vs. Historical Cost Accounting, *Review of Business Information Systems*(*RBIS*), 17(1), 1—6, https://doi.org/10.19030/rbis.v17i1.7579.

信息中确定。
- 贸易应收账款是客户因货物或提供服务而欠公司的债务。这些货物和服务已经交付或使用,但尚未付款。
- 存货按成本或可实现净值中的较低者记录。如果公司存货的可变现净值低于其账面价值,那么主体在记录存货价值时必须减去这笔差额费用。
- IFRS规定公司可以选择使用历史成本模式或重估模型报告固定PPE。US GAAP只允许采用历史成本模式。
- 地产投资指不用于公司日常运营的房地产。根据IFRS,投资性房地产需要使用成本模型或公允价值模型进行估值。US GAAP不包含针对投资性房地产的具体定义。
- 一家公司需要评估其无形资产的使用期限是有限的还是不确定的。使用寿命有限的无形资产,需按照特定的摊销方法,在最接近其使用寿命的预估时间的基础上进行摊销。
- 使用寿命不确定的无形资产可不进行摊销计算。对于这类资产,至少每年测试一次它的减损情况。
- 商誉不进行摊销,而是每年对其进行减值测试。
- 公允价值的净变化有两种确认方式:一是利润表上的利润或损失;二是绕过利润表的其他综合收入或损失。

重点名词

- 摊销成本(Amortized Cost):根据摊销和减损调整的资产历史成本(初始时刻被确认的成本)。
- 公允价值(Fair Value):根据IFRS和US GAAP,公允价值为现有市场价格,即测量当日两个市场参与者的有序交易中出售资产所收到的价格或转让负债所支付的价格。
- 房地产、工厂和设备的历史成本模型(Historical Cost Model of PPE):根据历史成本模式,房地产、工厂和设备按摊余价值(扣除累计折旧或累计损耗后的历史价值,并减去任何减值损失)入账。
- 房地产、工厂和设备的重新估值模型(Revaluation Model of PPE):根据重新估值模型,PPE的报告价值和账面价值是重估日时扣除任何累计折旧的公允价值。
- 无形资产(Intangible Assets):与其他资产不同,无形资产不是实物。无形资产的例子包括商誉、品牌知名度、知识产权(如专利、商标和版权)。
- 账面价值(Carrying Value):以公司资产负债表中的数字为基础所衡量的资产或公司价值的会计价值,称为账面价值。对于实物资产,如机器或计算机硬件,账面成本是根据其原始成本和累计折旧之间的差额计算的。
- 可变现净值(Net Realizable Value,NRV):指一项资产在出售时可以实现的价值。资产最终出售或处置时,对其所消耗成本的合理估计会被扣除。
- 减值(Impairment):减值使固定资产(或商誉)最终被收回的价格低于其账面金额。账户通常确认和记录一个公司的所有资产的价值。当前的市场通常决定了这些资产的价值。
- 全面收入(Comprehensive Income):是一张财务业绩报表,它列出了主体在特定时期所有的利润、损失、其他全面收入(OCI)。属于 OCI 的一些项目包括对冲/衍生金融工具的未实现收益或损失，或外币交易的收益和损失。

1. 流动资产

流动资产一般是为经营目的而所持有的。流动资产包括现金和预计在当前经营周期内转化为现金(如应收账款)、用完(如办公用品、预付费用)或出售(如库存)的项目。流动资产提供了关于公司经营活动和经营能力的信息，因为它们由现金和现金等价物、有价证券、应收账款和存货组成。

- 现金和现金等价物：指的是在银行的活期存款，是到期日在 90 天以内的高流动性证券。
- 有价证券：这些是可以很容易变现为现金的资产。它们是可以在公开交易所轻易买入或卖出的股权或债券投资。它们的价值来自交易所的当前交易价格。关于这些金融资产的补充信息通常会在财务报表的备注中报告。
- 应收账款或贸易应收款：客户因货物或服务的提供而欠公司的债务。这些货物和服务已经交付或使用，但尚未付款。这些应收账款通常按可变现净值计价。我们通过从贸易应收账款中扣除可疑账款和不可收回账款的备抵金来获得可变现净值。可疑账款备抵金反映了企业对预计无法收回的应收账款的百分比的衡量。在某个特定时期，增加的准备金被记录为坏账费用；坏账准备金减少了应收账款总额。
- 存货：指作为公司经营的一部分而持有的待售的货物。存货构成了经营性资产的一个重要组成部分，并根据收购成本或市场价格中的较低者进行估价。存货的估价方式被称为成本与市场孰低法则。IFRS 和 US GAAP 都规定了一些类似的处理方法。具体来说，IFRS 要求根据成本和可变现净值中的较低者进行存货估值。可变现净值是存货在市场上的预期销售价格减去任何销售成本。US GAAP 要求根据成本或市场价格中的较低者进行存货估价。市场价格是存货的当前重置成本。
- 其他流动资产：不需要在资产负债表上作为单一项目单独跟踪金额的资产。其他流动资产包括预付费用和递延税款资产。预付费用是在收到货物或服务之前为其支付的未来费用。递延税款资产是在收益表上确认所得税费用之前发生的所得税。

2. 非流动资产

公司的这部分资产不是为了转售而持有，而是用于公司运营的资产。其一般使用时间超过一个周期，因此是长期资产。这些资产可以由财产、厂房、设备、无形资产或商誉组成。

(1) 房地产、厂房和设备(PPE)。PPE 有时也被称为固定资产，是长期的、非流动的或长期存在的资产，属于有形资产。它们可以被持有，用于生产、正常的经营活动、租赁等，预计将被使用超过一个周期。IFRS 允许 PPE 以成本模型或重估模型进行报告，而 US GAAP 只允许对 PPE 使用成本模型估算价值。

在成本模型下，PPE 以成本计价，即历史成本减去累计折旧和减值。

在重估模型下，鉴于公允价值能够被可靠地测量，PPE 以重估的金额入账，即重估日的公允价值减去随后的累计折旧和减值。

(2) 投资性房地产。它是一种完全用于赚取租金收入、资本增值或两者兼而有之的财产。IFRS 允许投资性房地产以历史成本或其公允价值进行估值。

与 PPE 一样，根据成本模型进行投资性房地产估值时，投资性房地产按成本计价得出，即历史成本减去累计折旧和减值。

如果选择公允价值模型，投资性房地产将按其公允价值进行估值。投资性房地产的公允价值的任何变化所导致的收益或损失一旦产生，就会立即反映在利润表上。

(3) 无形资产。无形资产被定义为没有实物的可识别资产，用于生产或供应商品和服务，出租给他人或用于管理。一般来说，无形资产的会计处理取决于该资产是内部创造的，还是从外部购买的，或者是作为企业合并的一部分而获得的。无形资产的例子包括许可证、计算机软件、专利、租赁权、品牌名称等。有些有有限的寿命，而有些则有无限的寿命。有限寿命的无形资产的成本在其有效寿命内摊销。不确定寿命的无形资产不进行摊销，但至少每年进行一次减值测试。减值在利润表中被认定为损失。无形资产也被认为是可识别或不可识别的。根据 IFRS，一项可识别的无形资产必须满足下列条件：①能够从公司中分离出来，或产生一项合法的合同性权利；②由公司控制；③预计未来能提供经济利益，这种经济利益必须是可能的，其成本能够被可靠地衡量。不可识别的无形资产不能单独购买，并且可能有无限期的使用寿命。商誉就是一个例子。

(4) 商誉。商誉一般在涉及收购的情况下产生，是指被收购公司的成本与其净资产的目标公允价值之间的差异。它代表了为目标公司赚取不归因于其有形资产价值的超额利润的能力所支付的金额。IFRS 和 US GAAP 都要求将收购产生的商誉资本化。商誉通常每年都要进行减值测试。如果商誉的公允价值低于其账面价值，商誉就被视为减值，并且以公允价值记录。该费用之后会被报告给利润表。减值损失从当前财政期的收入中扣除，因而会造成当前收益和总资产的减少。商誉的数额可以通过确定收购净资产的公允价值并将该公允价值与购买价格相比较来确定。以下描述了会计准则对确认商誉价值的要求：

第一，购买目标公司（被收购方）的总成本是确定的。

第二，被收购方的可识别资产是按公允价值计量的。被收购方的负债和或有负债是按公允价值计量的。可识别资产的公允价值与负债与或有负债的公允价值之间的差额等于所收购的可识别净资产。

第三，购买产生的商誉是，收购目标公司的成本超过可识别净资产的部分。一项收购公司的交易时不时地涉及以下情况：购买可识别净资产的价格大于购买成本。这种交易被称为"廉价收购"。从廉价收购中获得的一切，都将反映在交易发生期间的利润和损失中。

(5) 金融资产。金融工具是指形成一方的金融资产并形成其他方的金融负债或权益工具的合同。金融证券以摊余成本模型或公允价值方法进行估值。

"交易性证券"是债券和股权证券的一个术语。这些证券是为了在短期内出售以获得更高的利润而购买的短期投资，通常持有时间不超过三个月。这些证券在资产负债表上以公允市场价值列示。所有未实现或已实现的收益或损失都将作为利润或损失被列入利润表，并反映在所有者权益的留存收益中。

"按市价计算"是调整金融证券的价值以反映基于市场价格的当前公允价值的行为。

"可供出售"的资产是以市场公允价值入账，而公允价值和账面价值之间的任何差异变化都被确认为其他综合收入的组成部分。如果公司打算在一年内将可供出售的资产卖掉，则这部分资产将被归类为流动资产。否则，所有可供出售的证券都将被归类为长期资产。然而，IFRS 9 于 2018 年生效后，这种类型的资产不再是 IFRS 下的一个选项。尽管如此，但这一概念仍在课程中。IFRS仍然允许少数股权证券按公允价值估值,未实现的收益或损失记录则反映在其他综合利润表中。这些资产现在被称为"通过其他综合收入以公允价值计价的金融资产"或"FVOCI"。

"持有至到期"的资产是管理层有意向和能力持有至到期的证券。对这些资产的投资可以根据预期的到期日分为短期和长期。它们通常按成本计价,除非遇到罕见情况,否则不会在到期日之前出售。只有在实体计划持有该金融资产直至到期时,这些资产才会在资产负债表上反映为摊余成本。

表2.1列示了不同金融资产的会计准则。

表 2.1　　　　　　　　　　　　　　　　金融工具的核算

金融资产类型	资产负债表中账面价值	利润	
		未实现的收益/损失	其 他
持有至到期日	成本或摊余成本	净收入中或综合报表中都不呈现	实现的收益/损失在净收入中呈现;利息收入在净收入中呈现
可供出售	公允市场价值	净收入中不呈现,但综合报表中呈现	实现的收益/损失在净收入中呈现;利息收入在净收入中呈现
交易性	公允市场价值	净收入中呈现	实现的收益/损失在净收入中呈现;利息收入在净收入中呈现

资料来源:Subramanyam K R(2014).

2.3.3　不同类型的负债

有三种类型的负债:流动负债、非流动负债和或有负债。

学习目标

描述不同类型的负债及其计量基础。

主要内容

要　点
- 流动负债是指在一年内或企业正常经营周期内到期的债务。超过一年结算的债务被称为非流动负债。
- 在一年内或运营周期内到期的金融负债(以较长者为准),出现在资产负债表的流动负债部分。
- 应计费用已在利润表中确认,但截至资产负债表日期仍未支付。
- 递延收益(也被称为递延收入或预收收入)是指公司在交付货物和服务之前收到付款时所产生的收入。
- 非流动负债指预计不会在一年内或企业的一个经营周期内(以较长者为准)结算或支付的负债。
- 长期金融负债和递延所得税负债被称为两类典型的非流动(长期)负债。
- 长期金融负债包括贷款(即向银行借款)、应付票据、应付债券(即向投资者发行的固定收益证券)。公司发行的债券等负债通常按资产负债表的摊销成本报告。
- 递延所得税负债产生于公司为税收目的报告的收入和为财务报表目的报告的收入之间的暂时性时间差异。

重点名词
- 应付账款(Payables)：贸易应付账款是指企业因购买商品和服务而欠供应商的款项。
- 应计项目(Accruals)：赚取的收入或发生的费用影响到公司利润表上的净收入(即使与交易有关的现金没有易手)。应计项目涉及非现金资产和非现金负债的,会影响资产负债表。
- 或有负债(Contingent Liabilities)：取决于未来不确定事件的结果而可能发生的负债是或有负债。如果该或有事件是可能发生的,并且该负债可以被合理估计,则该或有负债被记录。除非这两个条件都不满足,该负债才可以在财务报表的脚注中披露。
- 递延所得税负债(Deferred Tax Liabilities)：当期评估或应缴但尚未支付的税款被称为递延负债。它记录了公司在未来将从当期的交易中支付更多的所得税,如应收分期付款销售。

1. 流动负债

流动负债是指在一年内或企业正常运营周期内可能出现的经济资源外流。流动负债的例子包括应付账款、应付票据、应计费用和递延收入。
- 贸易应付款或应付账款：公司购买商品和服务后需要支付给供应商的金额。
- 应付票据：一个实体通过正式的贷款协议欠其债权人的负债书面协议,称为应付票据。
- 应计费用：在一个会计期间结束时已经发生但将由公司支付的费用。
- 递延收入：因商品或服务收到的款项尚未赚取。它会被记录为一种负债,直到交付为止。

2. 非流动负债

长期负债,更多地被称为非流动负债,指的是预计在一年后或正常企业运营周期后可能发生的经济资源流出。长期债务的例子包括债券、递延所得税负债、长期贷款。长期负债是公司融资的一个重要部分。一家公司可以从长期债务中获得即时资本以资助资本资产或投资于新的资本项目。

在确定企业的偿付能力时,长期负债是至关重要的。如果企业在临近债务到期时不能支付其长期债务,就很有可能面临偿付能力危机。

长期金融负债的例子包括贷款、应付票据、应付债券。这些在资产负债表中以其摊余成本入账。到期后,债券的摊余成本或账面金额将等于其面值。

递延所得税负债指未来时期有关应税暂时性差异的应付收入所得税金额。暂时性差异被定义为一项资产(或负债)的账面金额与其税基之间的差异,即该资产(或负债)是为税收目的而估价的金额。当期评估或到期但尚未支付的税款被称为递延负债。

3. 或有负债

由于未来事件的结果而可能发生的负债被称为或有负债。当或有负债有可能造成损失而且损失可以被合理估计时,或有负债在资产负债表上被报告为负债的潜在负债,并在财务报表附注中披露。

例如,一家公司正面临着10万美元的诉讼案件。如果诉讼成功,则该公司将产生负债。

然而，如果对方败诉，那么对于这家公司就不会产生任何罚款。在会计准则中，只有当负债是可能发生的(定义为超过50%的可能性发生)，才会记录或有负债。由此产生的负债金额可以被合理估计。

参考文献/拓展阅读

[1] Robinson T, Henry E, Pirie W, etc(2015), *International Financial Statement Analysis 3rd ed*, Wiley, chap 5.

[2] Subramanyam K R(2014), *Financial Statement Analysis 11th ed*, McGraw Hill, chaps. 3 and 4.

2.4 长期资产：资本化成本和费用化成本

在长期资产的核算过程中，不同成本的资本化与费用化对其盈利能力、财务比率和趋势都有影响。

学习目标

理解资本化成本和费用化成本之间的区别，以及它们对财务报表和比率的影响。

主要内容

要　点

- 长期资产按其账面价值在资产负债表中列出，即资产成本在其剩余使用寿命内未到期的部分。
- 所有长期资产都要进行年度减值评估，以确定当资产被认为出现减值时，其账面价值是否超过了资产的公允价值，并进行必要的调整。
- 资本化意味着把资产放在资产负债表上，并在几个时期内确认成本。这一程序与立即在利润表中费用化成本(记为成本支出)形成鲜明对比，后者会减少当期的利润。
- 一笔预计在多个会计期间产生未来经济利益的支出会被资本化。如果未来的经济利益不太可能或不确定达成，该支出则被记为费用。
- 管理层可以对以下费用的资本化决定进行判断。第一，资产建设期间发生的利息成本；第二，软件开发和研发成本；第三，石油勘探成本——全部成本法对比成功成本法。
- 资本化或费用化对财务报表和财务比率有直接影响。资本化的结果是在资本化的初始阶段有更高的净收入。
- 当一个公司在计算利息覆盖率时如果将资本化的利息包括在内，就可以更好地评估其偿付能力。

重点名词

- 长期资产(Long-Lived Assets)：指的是公司的经营性资产，这些资产不为转售而持有，而是用于公司经营。它们的使用时间一般超过一个时期，因此是长期的。例如，有形的固定资产，如厂房、机器、土地、建筑物、自然资源等，以及无形的资产，如计算机软件、专利、商标和商誉。
- 摊销（Amortization）：将无形资产的成本分摊到该资产的使用寿命中的做法称为摊销。无形资产本身不是实物资产。
- 减值（Impairment）：通常用于描述一项固定资产的可收回金额的急剧减少。当围绕一个公司的法律或经济情况发生变化，或发生不可预见的意外事故损失时，就会发生减值。
- 投资活动产生的现金流（CFI）：公司长期投资的现金流入或流出被称为投资活动的现金流，它涉及现金的长期使用。投资活动包括购买或出售一项固定资产，如财产、厂房或设备。
- 经营活动产生的现金流（CFO）：公司正在进行的正常经营活动所产生的现金流入或流出。
- 经济效益（Economic Benefit）：可以用货币形式量化的效益被称为经济效益，如利润、净现金流、净收入或收入。

1. 长期资产

长期资产预计将在未来产生经济效益（通常超过一年），如长期的有形资产、长期的无形资产、长期的金融资产。

长期资产的两个主要会计问题：一是确定其购置时的成本；二是在一段时间内将成本分配为费用。大多数长期资产的成本被资本化，然后随着时间的推移在利润表中被分配为费用。它们预计会提供经济利益。两类不随时间分配为成本的长期资产是土地（它不计折旧）和那些使用寿命不确定的无形资产。

2. 无形资产

无形资产的定义是一种可辨认资产，无实物持有，用于生产或供应商品或服务、出租给他人或用于管理目的。一般而言，无形资产的会计核算取决于该资产是否为内部创建或是外部购买还是作为企业合并的一部分而获得。

许可证、计算机软件、专利、租赁权、品牌名称、版权和商誉是无形资产的典型例子。其中一些是有期限的，而另一些则是不确定期限的。有限寿命的无形资产的成本在其使用寿命内摊销。不确定寿命的无形资产不进行摊销，但至少每年进行一次减值测试。减值在利润表中被确认为损失。

无形资产可分为可辨认的或不可辨认的。根据IFRS，一项可辨认的无形资产必须具备如下条件：

（1）预计未来将提供的经济利益，这些利益必须是可得的，利益及其成本可以可靠地衡量；
（2）由公司控制；
（3）能够从公司分离出来，或由合同或法律权利产生。

一项不可辨认的无形资产具有不确定的寿命，不能单独购买。商誉就是一个例子。

一般来说，商誉是被收购公司的成本与其净资产的市场公允价值之间的差额，它总是在涉及收购的情况下产生。它代表了为目标公司赚取不属于其有形资产价值的超额利润的能力所支付的金额。商誉形成的原因可能包括垄断、客户满意度、更好的管理、制造效率、良好的员工关系等。

根据大多数国际会计规则，使用收购法收购时可以确认商誉。详细情况将在以后的章节中讨论。商誉的数额可以通过确定收购的净资产的公允价值并与购买价格相比较来确定。

商誉通常每年都要进行减值测试。如果商誉的公允价值低于其账面价值，则它将被视为减值。公允价值减去减值费用的数额会被报告到利润表。

3. 分配

分配是指在公司预期从资产中获益的期间内定期支出递延成本的过程。有形资产要进行"折旧"，而无形资产要进行"摊销"。折旧和摊销在利润表中被列为支出。无形资产，如商誉或商标，似乎有无限的使用寿命，因此，它们不需要摊销。相反，它们将每年进行减值测试。我们将在随后的章节中更详细地研究折旧方法。

4. 资本化及其对财务报表的影响

购买长期资产是一个通过资本预算做出的决定。一般来说，一个实体会分析与获取资产、使用资产、在资产使用寿命结束时处置该资产相关的现金流，以便在以内部预期回报率确定投资净现值（NPV）时包含所有成本节约。如果净现值足够正，公司就可以进行投资。在一些罕见的情况下，即使公司因战略或其他原因无法确定其净现值的可行性，也可以选择进行投资。

一旦做出投资决定，下一步就是要确定哪些成本应该"资本化"并计入资产负债表上的资产账面价值，哪些成本应该在当期计入费用。这一决定可能是重要的，同时也可能是有争议的。资本化意味着把资产放在资产负债表上，并在几个时期内确认成本。相比之下，在利润表中立即支出成本会减少当期的利润。

一项预计会在多个会计期间带来未来经济利益的支出将以一般方式资本化。如果未来的经济利益不太可能或不确定，则该支出将被记为费用。然而，企业可以以不同的方式应用这一原则。管理层可以对以下成本的资本化决定进行判断：

(1) 资产建设期间发生的利息费用；

(2) 软件开发和研发费用；

(3) 石油勘探成本——全部成本法对比成功成本法。

一般来说，分析师需要根据他对本期应该资本化或按照费用支出的内容进行分析、理解，并根据其理解分析进行数额上的调整。

5. 对财务报表和比率的影响

一是对报告收入的影响。将成本资本化并随着时间的推移对资产进行折旧的公司，往往在收入报告中表现出更平稳的模式。相反，将成本作为费用直接支出的公司，在收入报告中表现出更大的变化性。

二是对盈利能力的影响。只要公司不断增长并产生向上倾斜的支出，其早期就会因为高额的折旧费用而显示出较低的利润率。支出导致了较低的利润率，也削减了资产和权益。因此，成熟企业的利润率可能比支出较低的企业高。

三是对股东权益的影响。资本化的结果是，在资本化之初，由于净收入较高，从而导致留存收益较高。鉴于此，股东权益最初会较高。

四是对CFO的影响。资本化资产通常在投资的现金流中报告。在其他情况下，当一个公司计算支出而不是资本化时，该支出金额反而会影响来自运营的现金流。因此，对于一个资本化的公司来说,CFO 会更高。

五是对杠杆率的影响。按费用支出计算资产的公司,由于资产和股权基础较低,会显示出较高的杠杆比率(杠杆率以债务与股权比率或债务与资产比率衡量)。反之,资本化的公司会显示出较低的杠杆率。详见第 4 章第 1 部分财务比率的讨论。

表 2.2 总结了资本化与费用化对财务比率的不同影响。

表 2.2　　　　　　　　　　　资本化或费用化对财务比率的影响汇总

项　目	资本化	费用化
收入的可变性	较低	较高
盈利能力-早期(ROA 和 ROE)	较高	较低
盈利能力-后期(ROA 和 ROE)	较低	较高
现金流总额	相等	相等
经营活动的现金流	较高	较低
投资活动的现金流	较低	较高
杠杆比率(D/E 和 D/A)	较低	较高

6. 利息的资本化

建造长期资产过程中产生的利息被称为资本化利息。这类利息不是在利润表上作为利息支出收取,而是在资产负债表上被列入资产的初始成本。IFRS 和 US GAAP 对这类利息的处理方式是不一样的。

只有当一个公司通过债务形成杠杆时,利息成本才能被资本化。用于资本化利息的利率是以与资产建设完全相关的债务为基础的。如果没有特定的借贷利率,则将使用加权平均利息率作为替代。一般来说,资本化利息在现金流量表中被报告为投资活动的流出,而利息支出被报告为经营活动的流出。

对于财务报表的影响是,资本化利息减少了利息支出,增加了净收入。另外,由于利息支出减少,利息覆盖率会被高估。

资本化的利息扭曲了现金流的分类。资本化利息被报告为 CFI,而不是 CFO。因此,CFO 被高估了,而 CFI 被低估了。

为了扭转资本化利息的影响,需要分析人员做出以下调整:

(1)利息支出。年内资本化的利息应加到利息支出中。

(2)折旧。资本化利息的摊销应从折旧中扣除。

(3)现金流。资本化的利息应该加回投资的现金流中,并从经营的现金流中扣除。

(4)计算利息覆盖率时,应调整利息支出,将资本化利息加回,以避免夸大利息覆盖率。

参考文献/拓展阅读

[1]Robinson T, Henry E, Pirie W, etc(2015), *International Financial Statement Analysis 3rd ed*, Wiley, chap 9.

[2]Subramanyam K R(2014), *Financial Statement Analysis 11th ed*, McGraw Hill, chap 4 & pp. 243—245.

2.5 折 旧

折旧是对资产成本在一段时间内的系统性分配,一般是指资产的有效经济寿命。

学习目标
了解三种主要的折旧方法及其对财务报表的影响。

主要内容

要 点
- 分配是指在公司预期能从该资产中获益的时期内,定期将递延成本作为费用支出的过程。与有形资产需要"折旧"不同,无形资产只需要"摊销"。
- 折旧和摊销计入利润表。无形资产,包括商誉或商标,可能被认为具有不确定年限的使用寿命,不需要进行摊销。相反,它们每年都要进行减值测试。
- 折旧方法的三个主要类别:直线折旧法、加速折旧法和生产单位法。
- 加速折旧法会导致财务报告中的净收入和权益更低。一般认为加速折旧法比直线折旧法更保守。
- 相对于较短的使用寿命和较低的预期残值,较长的使用寿命和较高的预期残值会导致较低的折旧率。

重点名词
- 直线折旧法(Straight-Line Method Depreciation,SLM):基于匹配原则的直接应用。给定一个恒定的资产和每年的现金流,每年收取一个固定的折旧额。这个数额是通过将资产的购置成本在其可使用的经济寿命的余额中分配来确定的。
- 加速折旧法(Accelerated Depreciation Method):随着资产的老化采用较高的折旧率,其前提是随着资产的老化需要更多的维护费用(支出)。现金流在前几年可能较高,之后可能较低。
- 生产单位法(Units of Production Method):成本的分配与特定时期的实际使用量有关。它假定在某年活动量较大的情况下,折旧会比较高。
- 残值(Residual Value):也被称为残余价值,是指固定资产在租赁期或使用寿命结束时的估计价值。
- 折旧年限(Depreciable Life):一项资产在公司账户中可以折旧(等同于显示失去价值)的时间。
- 账面金额或价值(Carrying Amount or Value):等于资产的原始成本减去任何折旧因素。一项资产的折旧因素因资产的性质而不同。

1. 折旧方法和折旧费用的计算

有三种基本的方法来衡量折旧。然而,无论采用何种方法,资产的账面价值都不会减少到低于估计的剩余价值。

折旧方法包括直线法、加速法和生产单位法。直线法，即资产的成本在其使用寿命内被平均分配到费用中。加速法，即在较早的年份分配成费用支出的数额更多。生产单位法，即成本的分期计算份额与资产在特定时期的实际使用情况相一致。财务报表上报告的金额，包括所报告资产、营业收入、净收入的费用，都会受到折旧方法选择的影响。而这种选择也会对各种财务比率产生影响，包括固定资产周转率、总资产周转率、营业利润率、资产营业收益率和资产收益率。

在直线法中，每个时期都有等量的折旧。折旧费用等于可折旧成本除以估计使用期限。折旧成本可以通过有形资产的历史成本减去估计的残余价值得出。如果我们把它放到一个方程式中，则它看起来像这样：

$$折旧费用 = \frac{资产的历史成本 - 估计残值}{估计使用期限} \tag{2.1}$$

加速法是将资产的成本以递减的方式分配给它的使用寿命。加速折旧的两种常见方法是双倍余额递减法（DDB）和年数总和法。在应用 DDB 方法计算折旧费用时要注意不能使账面净值低于其估计残值。只有账面净值与估计残值之间的差额才会被作为最后一个年度的折旧费用。

$$年数总和法折旧费用 = (成本 - 残值) \times \frac{剩余年数}{年数之和} \tag{2.2}$$

$$双倍余额递减法折旧费用 = 2 \times \frac{成本 - 累计折旧}{资产寿命} \tag{2.3}$$

在生产单位法中，由资产提供的每个单位的产出或每个单位的服务，都有一个固定的折旧额。生产单位法根据资产的使用情况来确定折旧额。因此，在使用量较大的年份，会记录较高的折旧。使用量可以根据生产的总产出单位或提供的服务时间来计算。这种方法的局限性在于，当资产因经济力量的作用而导致价值下降，在生产低迷时期记录的折旧费用也会随之减少。以方程式的形式表示为：

$$生产单位法折旧费用 = \frac{可折旧费用 \times 产量}{估计总生产能力} \tag{2.4}$$

2. 折旧计算所需的估计值

折旧年限或使用年限是指一项资产预期的总服务单位数。折旧年限可以根据预计生产的总产出单位、预计提供的总服务时间或预计使用的年限来评估。使用寿命越长，每年的折旧费用就越低。

减少一项资产的折旧年限将在以下方面影响公司的财务报表：
(1)更高的折旧费用；
(2)资产的账面价值较低；
(3)净收入减少（对净收入的百分比影响通常比对资产和股东权益的影响更显著）；
(4)股东权益减少（由于留存收益减少）。

较短的折旧年限往往会增加债务权益比和资产周转率，同时降低利润率、资产回报率和股权回报率。尽管如此，但任何折旧年限的变化都不会影响现金流，因为折旧是一个非现金项目。

残值，也被称为残余价值，是指一项资产在其使用寿命结束后的估计价值。由于残值要从资产的历史成本中减去，才能得出所有折旧方法下的年度折旧费用，因此残值越高，年度折旧费用就越低。残值是折旧方法中账面净值的下限。

折旧方法有生产单位法、双倍余额递减法和服务时长法。

若要确定折旧费用,则需考量某些因素与折旧方法之间的关联,如使用折旧年限较短的直线法可能会导致折旧费用与使用年限较长的加速法得到的折旧费用相似。

3. 对财务报表和比率的影响

加速折旧法会导致报告的净收入和权益降低,通常被认为比直线法更保守。虽然它们对净资产基础也有压制作用,但由于分子效应压倒了分母效应,这种方法的利润率往往较低。对于那些保持资产基础稳定或不断增长的公司来说,这种影响可能会持续下去,因为新的资产不断增加,导致其早期阶段的折旧费用增加。只有在资产基数下降的情况下,加速折旧法才会导致后期的折旧费用减少。

请注意,折旧费用金额会受到两个关键假设的影响:使用寿命和残值。使用寿命短、残值低的假设会更保守;使用寿命长、残值高的假设会更激进。分析师必须密切关注这些假设的任何变化。

使用加速折旧法会使折旧费用增加、净收入和税收减少,有利于改善现金流。我们把对税收的影响称为折旧税盾。这种方法在许多国家被广泛使用,以刺激个人和企业投资。

公司可以自由选择适用于新资产、所有资产的折旧方法,或改变资产的使用寿命和残值的假设。当改变只适用于新资产时,公司就不需要重报过去的收益。尽管如此,但在对比多年来的业绩表现时,分析师必须认识到,比如从年数总和法(SYD)法转为直线法(SLM)后所带来的未来折旧费用降低的影响。

通常,当变更适用于所有资产时,过去时期的累积效应必须单独报告。分析师应仔细审查这一信息,并将其用于任何比较性分析。

资产寿命或残值的变化不需要任何特别报告,因为这些是会计预估的变化。但是,它们可能会导致折旧费用的减少和报告收益的增加。分析师必须评估假设的变化是否在经济上是合理的。此外,分析师还应该对任何与过去业绩的比较分析进行调整。

参考文献/拓展阅读

[1] Robinson T, Henry E, Pirie W, etc(2015), *International Financial Statement Analysis* 3rd ed, Wiley, chap 9.

[2] Subramanyam K R(2014), *Financial Statement Analysis* 11th ed, McGraw Hill, chap 4 & pp. 245—253.

2.6 非流动负债

非流动(或长期)负债(如债务)是指预计在一年后或一个运营周期后可能发生的经济资源流出。

学习目标

确定债券的初始确认、初始计量和后续计量。

主要内容

要　点

- 债券是来自债务市场的常见融资来源。
- 发行人在发行时（发行债券时）、存续中（支付利息时）和退市时（发行人赎回债券时）记录债券及其相关交易。
- 债券发行的销售收入是通过使用发行时的市场利率（实际利率）对未来现金支付进行贴现来确定的。被报告的债券利息支出是以实际利率为基础的。
- 债券的未来现金支付通常包括定期利息支付（按规定的利率或票面利率支付）和本金。
- 如果市场利率等于债券的票面利率，则债券将按面值出售（即价格等于面值）。如果市场利率高于债券的票面利率，则债券将以低于面值的折扣价出售。如果市场利率低于债券的票面利率，则债券将以高于面值的溢价出售。
- 发行人在债券有效期内摊销债券的任何发行折扣或溢价。
- 一般来说，债券的账面金额是摊销后的历史成本，这可能与它们的公允价值不同。

重点名词

- 规定的（合同或票面）利率（Stated Contractual/Coupon Interest Rate）：以现金支付的债券利息。这笔利息会在债券证书上注明，用于计算以现金形式支付的利息数额。
- 市场利率（Market Interest Rate）：当前时刻投资于类似债券时所使用的利率，该利率随经济条件变化而变化。
- 有效利率（Effective Interest Rate）：债券出售当日的市场利率（在债券有效期内保持固定），用于计算要确认的利息支出金额。
- 账面价值（Book Value）：指的是根据资产负债表账户余额所得到的资产价值。该价值以资产的原始成本为基础，减去针对该资产的任何折旧、摊销或减值成本。
- 面值（Face Value）：在债务文件中报告为应付的债务金额。面值不包括后来在债务工具期限内可能支付的任何利息或股息。
- 债券溢价（Bond Premium）：在二级市场上，由于市场利率下降而导致债券价格上升，此时就会出现发行债券溢价的情形。以高于面值的溢价出售的债券，其市场价格高于票面价值。
- 贴现债券（Discounted Bond）：以低于面值发行的债券或目前在二级市场上以低于面值交易的债券称为贴现债券。
- 零息债券（Zero-Coupon Bond）：指的是不支付利息但以很低的折扣进行交易的债务证券。当债券以其全部面值被赎回时，债券会在到期日时产生利润。

1. 债券的计量

债务被分为短期（ST）和长期（LT）两类。

评估债务时要记住的一般原则：一般来说，债务是按应付本金的账面价值报告的。债务的市场价值取决于现行的市场利率。债务的市场价值被确定为合同本金的现值加上按市场利率折算的利息支付的现值。根据原始债务安排的条款，应每隔一段时间，以债务账面价值为基础，按照初始合同约定的票面利率来支付利息。

债券是一种投资证券，投资者在一段时间内把钱借给一个实体，以换取定期利息收入。

一般来说，债券使发行公司有义务在未来向债券持有人支付两类款项：债券的面值和定期支付的利息。债券的面值，也被称为本金、声明价值、到期价值或票面价值，是指一旦债券到期，公司必须向其债券持有人支付的现金数额。定期支付的利息是根据债券合同中承诺的声明利息或票面利率来进行的，并应用于债券面值。

市场价值是债券的现值，等于本金支付的现值加上所有定期利息支付的现值。它可以通过使用市场利率对所有未来的现金支付进行折现来获得。市场利率是指投资者要求贷款时的利率。

当债券的票面利率高于当前的市场利率时，该债券被称为以溢价发行，因为投资者要求更高的收益并愿意为此付出代价。溢价债券的价格总是高于其票面价值。反之，当债券的票面利率低于当前的市场利率时，该债券被称为贴现销售。贴现债券的价格将低于其票面（面值）。具体如图 2.1 所示。

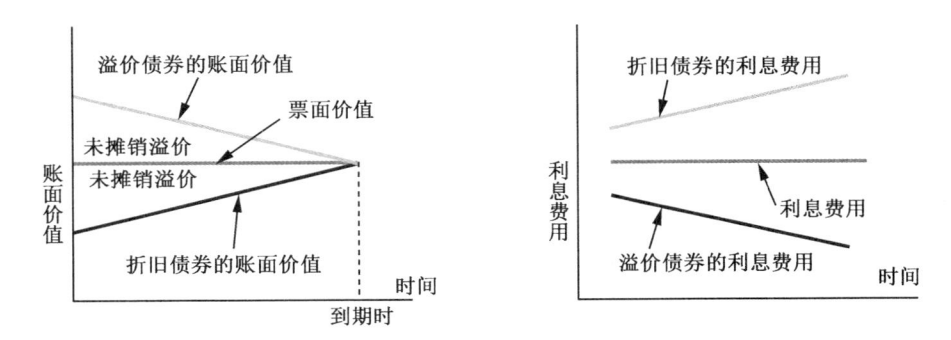

图 2.1　溢价债券和折价债券的特征图解

仅仅根据图 2.1，我们可以观察到以下情况：

(1)溢价(贴现)债券的账面价值向票面价值递减(增加)；

(2)到期时，这两种债券的账面价值将与债券的面值相等；

(3)由于账面价值的增加(减少)，贴现(溢价)债券的利息支出随着时间的推移而增加(减少)。

公司为债务承担的实际利率或借贷利率是发行时的市场利率。实际利率是等于两类承诺的未来现金支付的现值与其售价之和的折现率。对于发行实体来说，报表中记录的债券的利息支出是以其实际利率为基础的。

2. 债券的初始确认、初始计量和后续计量

当债券发行时，实体的现金收入或销售收入在发行人公司的现金流量表中反映为融资现金流入。另外，应付债券通常在发行时按销售收入在发行人实体的资产负债表上进行估值和记录，即按债券的面值减去任何折扣或溢价。

为了确定债券是按面值、溢价还是贴现发行的，分析师可以按以下三个步骤进行。

第一，确定债券的主要因素和计算销售收入所需的市场利率。

第二，计算未来的现金支付、本金偿还和利息支付。

第三,使用市场利率对所有未来的现金流出进行折现,并将其现值相加以确定债券的价值,之后再确定发行债券的销售收入。

【示例 1】

XYZ 于 2019 年 1 月 1 日发行了 1 000 万美元的五年期债券。具有可比风险和条款的债券年利率为 3%。债券在 12 月 31 日以每年 3% 的速度支付息票。那么,债券发行时的销售收入是多少?这在财务报表中又是如何显示的?

答案:

第 1 步:债券的条款

  面值:1 000 万美元

  到期时间:5 年

  票面利率:3%

  支付利息的频率:每年

  票据支付:0.03×10 000 000＝300 000(美元)

  类似条款的债券的市场利率:3%

第 2 步:确定现金流及其时间

第 3 步:确定现金流的现值

步骤 2 和步骤 3 如下所示:

日期	息票支付(美元)	按市场利率(3%)计算的 PV(美元)	面值支付(美元)	按市场利率(3%)计算的 PV(美元)	总现值(美元)
2019 年 12 月 31 日	300 000	291 262			
2020 年 12 月 31 日	300 000	282 779			
2021 年 12 月 31 日	300 000	274 525			
2022 年 12 月 31 日	300 000	266 546			
2023 年 12 月 31 日	300 000	258 783	10 000 000	8 626 088	
共 计		1 373 895		8 626 088	10 000 000

如表所示,第 1 列显示了日期,第 2 列和第 4 列分别显示了息票支付时间和面值。现值见第 3 列和第 5 列,贴现率为类似条件债券的市场利率。

债券出售时的收益是未来付款的总现值(票面付款和票面价值)。由于债券是按票面价值发行的,所以没有贴现或溢价。债券发行在资产负债表中反映为现金流入和长期债务负债。该债券的发行在现金流量表中反映为 10 000 000 美元的财务现金流入。

债券的价格通常以面值的百分比来表示。在示例 1 中,按面值发行的债券的价格是 100 美元(即面值的 100%)。

【示例 2】

XYZ 于 2019 年 1 月 1 日发行了 1 000 万美元的五年期债券。具有可比风险和条款的债券年利率为 4%。债券在 12 月 31 日以每年 3% 的速度支付息票。那么,债券发行时的销售收入是多少?这在财务报表中又是如何显示的?

答案：

我们重复示例1的过程。但类似债券的市场利率是4%，而不是3%。

第1步：债券的条款

　　面值：1 000万美元

　　到期时间：5年

　　票面利率：3%

　　支付利息的频率：每年

　　票据支付：0.03×10 000 000＝300 000（美元）

　　类似条款的债券的市场利率：4%

第2步：确定现金流及其时间

第3步：确定现金流的现值

步骤2和步骤3如下所示：

日　期	息票支付 （美元）	按市场利率(4%) 计算的PV（美元）	面值支付 （美元）	按市场利率(4%) 计算的PV（美元）	总现值 （美元）
2019年12月31日	300 000	288 462			
2020年12月31日	300 000	277 367			
2021年12月31日	300 000	266 699			
2022年12月31日	300 000	256 441			
2023年12月31日	300 000	246 578	10 000 000	8 219 271	
共　计		1 335 547		8 219 271	9 554 818

在示例2中，债券是以折价发行的，价格是95.55美元（即面值的95.55%）。出售时的债券收益为9 554 818美元，这比10 000 000美元的票面价值折价445 182美元。由于债券是按票面价值发行的，所以没有贴现或溢价。资产负债表反映了发行时的现金流入和9 554 818美元的债务负债的增加。这次发行在现金流量表中反映为9 554 818美元的财务现金流入。

在示例2中，由于债券的票面利率为3%，低于市场利率，所以债券是以票面价值的贴现发行的。当债券的票面利率超过市场利率时，债券是以票面价值的溢价发行的。

一般来说，票面利率为零的债券（零息债券）是以票面价值折价发行的。零息债券的价值只基于本金支付的现值，因为没有定期支付利息。

例如，我们假设市场利率为6%，三年后应支付的200 000美元面值的零息债券将以167 496.85美元（半年复利）发行。计算的方法是用计算器计算，按键顺序如下：200 000[FV]、3[I/Y]、6[N]、[CPT][PV]，或者用Excel计算"＝PV(3%,6 200 000)"。

记录本次发行的日记账分录为：

银行（资产负债表）：167 496.85美元（借方）

债券负债（资产负债表）：167 496.85美元（贷方）

到期时，需要支付的总金额为200 000美元的本金，包括32 503.15美元的利息支付。零息债券和面值债券的显著区别是，32 503.15美元的利息从未被报告为零息债券的经营现金流。全部的200 000美元被报告为零息债券的融资现金流。

参考文献/拓展阅读

[1] Robinson T, Henry E, Pirie W, etc (2015), *International Financial Statement Analysis 3rd ed*, Wiley, chap 10.

[2] Subramanyam K R (2014), *Financial Statement Analysis 11th ed*, McGraw Hill.

2.7 所得税

所得税率的变化会影响变化年度的所得税费用和递延所得税资产以及负债的账面金额。

学习目标

描述会计利润和应税收入之间的差异，并定义递延所得税资产、递延所得税负债、应付税款和所得税费用。

主要内容

要　点

- 应税收入是指在现行税法下用于确定应付税款的收入，它更接近于会计的修正现金制。利润表上的报告收入是以权责发生制为基础的。因此，报告收入和应税收入之间存在着差异。这些差异可能是暂时的或永久的。
- 永久性差异起源于本期，在随后的时期内不会逆转。这种差异可能来自所得税法或任何其他税收法规所定义的无须纳税的收入和不允许用于纳税的费用。
- 由于永久性差异，一家公司的有效税率不等于公司的法定税率。有效税率的计算方法是税收支出数字除以税前收入。
- 报告（会计）收入与应税收入之间的暂时性差异是指在本期产生并在下期逆转的差异，代表着包含在一期财务报表中的收入和支出。然而，它只有在另一个时期才会被征税或扣税（即时机）。
- 当一个收入或支出项目在财务报表和税务报告中被区别对待时，就会产生递延税项负债或资产。预计这些差异将在未来逆转。
- 递延所得税资产需要评估其未来的可收回性。如果它们很可能无法全部或部分收回，则应减少其账面金额。这种减少是通过使用US GAAP的估值备抵来实现的。
- 基本关系：所得税费用＝当期税收费用＋递延税收费用。所得税费用和应付税款之间的差额就是递延税款费用，它是由递延所得税资产和负债的变化导致的。

重点名词

- 永久性差异（Permanent Differences）：在会计损益表和纳税申报中所确认的差异。税务报告和财务报告之间的差异在未来不会被逆转。
- 暂时性差异（Temporary Differences）：是指暂时性的差异，预计将在未来逆转。
- 所得税费用（Income Tax Expense）：由当期税前收入产生的费用，这包括应付税款（来自纳税申报）和递延所得税费用。它在利润表中报告。
- 当期税收支出（或应缴税款）（Current Tax Expense or Taxes Payable）：在纳税申报中

显示的应向政府缴纳的税款。它是因永久性和暂时性差异而产生的。
- 递延所得税费用(Deferred Tax Expense):预计在未来支付(或收回)的所得税费用的计提(应付税款和所得税费用之间的差异)。它只是因暂时性差异而产生的费用。
- 递延所得税负债(Deferred Tax Liability):如果当期税收支出低于所得税支出,就会产生递延税款负债,即把税收负债递延到未来几年。
- 递延所得税资产(Deferred Tax Asset):当当期税收支出大于所得税支出时,就会形成递延税款资产。资产负债表项目是由应付税款超过所得税费用的暂时性差额造成的。它预计将从未来的业务中收回,如果超出部分是永久性的差异,则不会产生。
- 税前收入(Pre-Tax Income):扣除所得税费用之前得到的收入。
- 账面金额(Carrying Amount):根据会计原则对资产或负债进行估值的金额,称为账面金额。

1. 主要术语和基本理解

所得税会计的复杂性产生于当期应税收入的计算采用了与税前收入会计不同的规则。

税收是基于税务报告而支付的,但从财务报告的角度来看,利润表(IS)中的税收支出是基于匹配原则并根据税前会计收入计算的。递延所得税是通过会计账簿进行登记来匹配应税收入的税收和税前收入的税收,以达到会计目的。

递延所得税负债(贷方)和递延所得税资产(借方或预付税款)是由税收支出和会计税收支出之间的差异而产生的。

这里有一些关于纳税申报的基本术语。
- 应税收入:根据税法需要纳税的收入。
- 应付税款:由当期应税收入产生的退税责任。根据美国 SFAS 109,它也被称为"当期税收费用或利益"。
- 已缴纳所得税:指的是所得税的实际现金流,包括其他年份的付款(退款)。
- 结转税务损失:可导致未来应税收入减少的纳税申报。
- 资产或负债的税基:处于税收目的归属于该资产或负债的金额。

2. 会计利润与应税收入之间的差异

应税收入与会计利润之间的差异可能由于不同的原因而发生。这方面的例子如下:

(1)出于税收目的,费用和收入可以在一个财政期间内确认,也可以在另一个会计期间内确认。

(2)某些费用或收入可以在会计上确认,但在税务上不确认;或者反过来,在税务上确认,但在会计上不确认。

(3)资产和负债的税基与账面金额的差异。

(4)就所得税和会计而言,资产和负债的收益和损失的可扣除性会有所不同。

(5)根据税收规则,前几年的税收损失可用于降低未来几年的应纳税所得额,这将导致会计利润与应纳税所得额之间的差异(税收损失结转)。

(6)以前年度报告的财务数据调整可能在会计和税务方面没有得到同样的确认,或在不同时期得到确认。

3. 暂时性差异与永久性差异

对财务报表的成功分析需要了解定期的所得税支出和相关的税收资产和负债。

财务报表是根据权责发生制编制的。损益表上的报告收入是以权责发生制为基础的。这种报告的收入可能与应税收入有很大差异。应税收入是指在现行税法下用于确定应付税款的收入,它更接近于会计的修正现金制。因此,报告收入和应税收入之间存在差异。这些差异可能是暂时的抑或是永久的。

4. 永久性差异

永久性差异是指在会计损益表和纳税申报中所确认的内容的差异。具体来说,在损益表上确认为收入和支出的就可能不会被确认为应税收入或可减税的支出。例如,免税债券产生的是会计收入而不是应税收入,因为利息券是免税的。这种永久性差异在未来不会被逆转。

永久性差异起源于本期,在随后的时期内不会逆转。这种差异可能来自所得税法或任何其他税收法规所定义的无须纳税的收入和不允许用于纳税的费用。由于永久性差异,一个公司的实际税率不等于其法定税率。实际税率是税收支出除以税前收入,即:有效税率＝所得税费用÷税前收入。

5. 暂时性差异

暂时性(或时间性)差异是确认的时间差异。例如,报告收入使用直线折旧法,而税务报告使用加速折旧法,如DDB。请注意,使用直线折旧法和加速折旧法的资产总折旧额并不改变资产的使用寿命。一项资产的总折旧是由初始成本减去残值计算的。因此,为会计和税务报告目的而报告的折旧费用在资产的使用年限内可能有所不同。只有在确认的时间上有差异。然而,随着时间的推移,报告的总折旧额是相同的。

报告的(会计)收入和应税收入之间的暂时性差异在本期产生,并将在下一期转回。它代表了包含在一个时期的财务报表中的收入和支出。然而,该暂时性差异只在另一个财政期被征税或扣税。当一个收入或支出项目在财务报表和税务报告中被区别对待时,就产生了递延税项负债或资产。差异预计将在未来逆转。其基本关系为:所得税费用＝当期税收费用＋递延税收费用。

利润表上的所得税费用首先是通过核算报告收入和应税收入之间的暂时性差异得出的,其次是通过核算当期税收费用下的永久性差异的影响得出的。

递延所得税负债的产生,即如果当期税收支出小于所得税支出,则税收负债递延到未来几年。一个例子是资本交易的汇率收益和税收折旧额比会计折旧费用更多。

当期税收支出高于所得税支出时,就会形成递延税款资产,例如,资本交易的汇率损失和税收折旧低于会计折旧费用的情况。

总之,由于永久性和暂时性差异的存在,报告的收入可能不等于应税收入。利润表上的所得税费用可能不等于应付税款。所得税费用和应付税款之间的差异是递延税款费用,它是由递延税款资产和负债的变化所导致的。

参考文献/拓展阅读

[1] Robinson T, Henry E, Pirie W, etc (2015), *International Financial Statement Analysis 3rd ed*, Wi-

ley,chap. 13.

[2]Subramanyam K R(2014),*Financial Statement Analysis 11th ed*,McGraw Hill,chap 6 & pp. 378—385.

2.8 股东权益的组成部分

权益是所有者在公司资产中扣除所有负债后的剩余所有权权益。

学习目标

描述股东权益的组成部分和权益变动表。

主要内容

要　点
- 构成资产负债表中所有者权益部分的六个贡献要素：投入资本、优先股、库存股、留存收益、累计其他综合收益和非控制性权益。
- 权益变动表提供了关于公司权益的每个贡献要素在特定时期内的涨跌详情。

重点名词
- 投入资本(或普通股、已发行资本)(Contributed Capital)：所有者为换取资本份额而向实体投入的融资总额。
- 库存股(Treasury Shares)：被公司回购并作为库存股持有而不是被注销的股票。
- 留存收益(Retained Earnings)：公司赚得资本中未用于分红的收益总额。
- 累计其他综合收益(或其他储备金)(Accumulated Other Comprehensive Income)：根据 US GAAP 和 IFRS，其他综合收益随着时间的推移而累积，并与留存收益分开报告，但作为所有者权益的一部分，标示为累计其他综合收益。
- 非控制性权益(或少数人权益)(Noncontrolling Interest)：少数股东在已合并但并非由母公司全资拥有的子公司股权。

1. 权益

权益是所有者在公司资产中扣除负债后的剩余所有权权益，它提供了关于所有者对公司索赔的信息。所有者直接投资的资金或随着时间推移再投资的收益、不在损益表中确认的收益或损失项目也可以被视为权益。

通常有六个主要组成部分构成了所有者权益总额。下面列出的前五个部分包括归属于母公司所有者的权益，第六部分是归属于非控制性权益的权益。

- 所有者投入的资本(或普通股、已发行的资本)：从股东那里获得的以股本回报的融资总额，对于分配的每一类普通股，公司必须宣布批准、发行和流通的股份数量。
- 优先股：优先股允许持有人通过拥有普通股持有人所不享有的特定属性或权利将自己与普通股持有人区分开来。这些属性包括股息分配优先权、清算优先权等。
- 库存股：已回购并作为库存股持有而未被注销的股份。它有助于通过收购成本的价值减少所有者权益，同时减少流通股的数量。
- 留存收益：指公司的实收资本，即在其利润表中确认的未分配利润的集合金额。

- 累计其他综合收益(或其他储备):指的是没有反映在留存收益中并确认为净收益一部分的其他综合收益。
- 少数股东权益:也被称为非控制性权益,代表了在母公司的合并报表中报告的实体中少于50%的所有权。

表2.3和表2.4分别展示了SAP集团和苹果公司的资产负债表的部分内容,以及每个公司权益部分的详细行项目。

SAP公司的资产负债表显示,该公司拥有12.29亿欧元的发行资本。财务报表的注释披露,公司已经发行了12.29亿股无面值的普通股,每股面值为1欧元。SAP公司的资产负债表还显示,该公司有15.91亿欧元的库存股;而财务报表的注释则披露,该公司持有3 500万股库存股。5.7亿欧元的行项目股份溢价包括来自库存股交易(和某些其他交易)的金额。留存收益的数额为247.94亿欧元,是公司在其收益表中确认的扣除股息后的累计收益数额。SAP公司5.08亿欧元的"权益的其他组成部分"包括该公司累计的其他综合收入。注释中披露,这是由3.3亿欧元的折算汇兑差额收益、1.57亿欧元的可供出售金融资产重新计量收益和2 100万欧元的现金流对冲收益组成的。

接下来,资产负债表显示了归属于母公司的权益金额小计255.09亿欧元,然后是归属于非控制权益的权益金额3 100万欧元。

权益总额包括归属于母公司的权益和归属于非控制性权益的权益。苹果公司资产负债表的权益部分只包括三个项目:普通股、留存收益和累计其他综合收入/损失。

虽然苹果公司的资产负债表显示没有库存股,但该公司取消了回购的股票,而不是持有库存股。苹果公司的资产负债表显示,2017财年末有5 126 201 000股已发行和流通的股票,2016财年末有5 336 166 000股已发行和流通的股票。股东权益表(见表2.5)详细介绍了流通股的变化情况,其中,2017年苹果回购了其先前发行的普通股中的246 496 000股,并向员工发行了36 531 000股。

表2.3　　　　　　　　　　SAP集团财务状况合并报表　　　　　　　(单位:百万欧元)

资　产	2017	2016
总流动资产	11 930	11 564
总非流动资产	30 567	32 713
总资产	42 497	44 277
总流动负债	10 210	9 674
总非流动负债	6 747	8 205
总负债	16 958	17 880
发行股本	1 229	1 229
股本溢价	570	599
留存收益	24 794	22 302
权益的其余组成部分	508	3 346
库存股	-1 591	-1 099

续表

资　产	2017	2016
归母权益	25 509	26 376
少数股东权益	31	21
总权益	25 540	26 397
总权益与负债	42 497	44 277

资料来源：数据来自 SAP 集团 2017 年年度报告，可能有错误。

表 2.4　　　　　　　　　苹果公司资产负债合并报表　　　　（单位：百万美元，股份数以千计）

资　产	2017-09-30	2016-09-24
总流动资产	128 645	106 869
所有其他资产	246 674	214 817
总资产	375 319	321 686
负债与所有者权益	—	—
总流动负债	100 814	79 006
总非流动负债	140 458	114 431
总负债	241 272	193 437
普通股与实收资本，以面值 0.000 01 美元计：授权股份 12 600 000，发行股份 5 126 201；流通股份 5 336 166	35 867	31 251
留存收益	98 330	96 364
累计其他综合收入/损失	−150	634
资产	—	—
总所有者权益	134 047	128 249
总负债与所有者权益	375 319	321 686

资料来源：苹果公司 2017 年年度报告。

表 2.5　　　　　　　苹果公司股东权益变化综合报表　　　　（单位：百万美元，股份金额除外）

项　目	普通股票和额外实收资本 股票	普通股票和额外实收资本 数量	留存收益	累计其他综合收入/损失	股东权益总额
截至 2016 年 9 月 24 日的余额	5 336 166	31 251	96 364	634	128 249
净收入	—	—	48 351	—	48 351
其他综合收入/损失	—	—	(12 803)	—	(12 803)
回购普通股票	(246 496)	—	(33 001)	—	(33 001)
股份制薪酬	—	4 909	—	—	4 909

续表

项 目	普通股票和额外实收资本		留存收益	累计其他综合收入/损失	股东权益总额
	股票	数量			
已发行的普通股,扣除因员工税而代扣的股份	36 531	(913)	(581)	—	(1 494)
股权奖励的税收优惠,包括转让定价调整	—	620	—	—	620
截至 2017 年 9 月 30 日的余额	5 126 201	35 867	98 330	−150	134 047

2. 所有者权益表

所有者(股东)权益变动表报告了一个时期内股东权益变动的数额和来源。它提供了关于股份变动的详细信息和其他与权益相关的细节,如归属于权益持有人的收益。

该报表反映了诸如以下方面的变化信息。

(1)优先股;
(2)普通股;
(3)额外实收资本;
(4)留存收益;
(5)属于回购股份的库存股;
(6)雇员股票期权计划调整。

权益变动表(或股东权益表)显示了一个公司的权益在一个时期内的增加或减少的信息。IFRS 要求在权益变动表中提供以下信息:

(1)本期综合收益总额;
(2)追溯适用于以前时期的任何会计变更的影响;
(3)与所有者的资本交易和对所有者的分配;
(4)财政年度开始和结束时权益各组成部分的账面金额的调节。

依旧以表 2.5 为例,苹果公司的股东权益变化综合报表的部分内容只显示了实际报表中的一个年份。它以 2016 年 9 月 24 日(即 2017 财年)的余额开始,显示了截至 2017 年 9 月 30 日苹果公司资产负债表上的权益各组成部分的变化。如上所述,由于公司回购了 246 496 000 股普通股并发行了 36 531 000 股新股,流通股数量从 5 336 166 000 股减少到 5 126 201 000 股,这使得实收资本和留存收益的美元余额分别减少 9.13 亿美元和 5.81 亿美元。普通股中的美元余额也增加了 49.09 亿美元,这与基于股份的补偿有关。留存收益增加了 483.51 亿美元的净收入,减去了 128.03 亿美元的股息,另有 330.01 亿美元的股票回购以及 5.81 亿美元与股票发行有关的调整。

对于支付股息的公司,股息的数额被单独显示为留存收益的扣减。表 2.6 还详细说明了苹果公司累计其他综合收益的变化(7.84 亿美元)。请注意,该账户提供了一个全面收入总额的小计,包括净收入和其他综合收益的每个组成部分。

参考文献/拓展阅读

[1] Robinson T, Henry E, Pirie W, etc(2015), *International Financial Statement Analysis* 3rd ed, Wiley, chap 5.

[2] Subramanyam K R(2014), *Financial Statement Analysis* 11th ed, McGraw Hill, chap 3 & pp.166—177.

练习题

习题 1

上年末,该公司的资产总额为 900 000 美元,负债总额为 760 000 美元。在本年度,公司的总资产增加了 60 000 美元,总负债减少了 30 000 美元。在本年度结束时,股东的权益是( )。

A. 230 000 美元　　　　　B. 220 000 美元　　　　　C. 34 000 美元

习题 2

在本年度的 6 月 30 日,菲尼克斯公司的资产和负债情况如下:现金及现金等价物 20 500 美元;应收账款 7 250 美元;用品 650 美元;财产设备 12 000 美元;应付账款 9 300 美元。截至本年度 7 月 1 日,权益的数额是( )。

A. 13 050 美元　　　　　B. 20 500 美元　　　　　C. 31 100 美元

习题 3

以下错误的是( )。

A. 资本化成本是指将商品或服务的购买成本加入资产账户中,而不是立即将该成本支出

B. 当利益是即时的,或未来的利益太不确定或不重要时,成本会被记为费用(即不资本化)

C. 买 PPE 的成本立即计入费用,并在损益表中显示为支出

习题 4

Mulan 公司支付 235 200 美元购买可以使用 5 年的设备,其剩余价值为 52 500 美元。在五年的经营中使用该设备,在扣除除折旧费用外的所有费用后,该公司预计每年可获得 85 500 美元的收入。假设直线折旧,则每年的折旧费和净利润(税前)是( )。

A. 折旧费用为 36 540 美元,每年的净利润为 85 500 美元

B. 折旧费用为 29 940 美元,每年的净利润为 48 960 美元

C. 折旧费用为 36 540 美元,每年的净利润为 48 960 美元

习题 5

假设 BreadTalk 公司在市场利率为 10% 时,发行了 100 000 美元的半年期 9% 的五年期债券,那么 BreadTalk 最初收到的销售收入是( )。

A. 96 138 美元　　　　　B. 100 000 美元　　　　　C. 98 145 美元

习题 6

在公司利润表上报告的所得税费用等于税款应付的,加上净增加的是( )。

A. 递延所得税资产,减去递延所得税负债的净增加

B. 递延所得税负债,减去递延所得税资产的净增加

C. 递延所得税负债,加上递延所得税资产的净增加

习题 7

一家公司的实收资本为 30 000 美元,留存收益为 65 000 美元,库存股为 18 000 美元,普通股为 10 000 美元。如果该公司没有任何累计其他综合收入/损失,股东权益的总额是(　　)。

　　A. 113 000 美元　　　　B. 77 000 美元　　　　C. 87 000 美元

习题 8

在本年度的 1 月 1 日,Bob's Lawn Care Service 报告的权益总额为 122 500 美元,总收入为 96 000 美元,总支出为 85 500 美元。然而,Bob 在本年度从公司提取了 20 000 美元。在这一年里,没有发生其他的权益变化。如果在本年度的 12 月 31 日总资产为 196 000 美元,那么本年度的权益差异是(　　)。

　　A. 减少了 9 500 美元　　B. 增加了 9 500 美元　　C. 增加了 30 500 美元

参考答案

习题 1

答案:选项 A 是正确的。

在本年度结束时,公式如下:

资产＝负债＋股东权益

900 000＋60 000＝(760 000－30 000)＋股东权益

股东权益＝230 000(美元)

习题 2

答案:选项 C 是正确的。

资　产	负　债
现金和现金等价物 20 500 美元	应付账款 9 300 美元
应收账款 7 250 美元	股东权益＝20 500＋7 250＋650＋12 000－9 300
供应品 650 美元	＝31 100(美元)
PPE 12 000 美元	

习题 3

答案:选项 C 是正确的。

PPE 在购买时被资本化为资产负债表中的一项资产,并以公司从这些成本中所获得的收益作为折旧费用长期支出。

习题 4

答案:选项 C 是正确的。

(根据直线法)折旧费＝(235 200－52 500)÷5＝36 540(美元)

净利润＝85 500－36 540＝48 960(美元)

习题5

答案：选项A是正确的。

规定的利率＝9％，因此，每半年＝4.5％

利息支付＝4.5％×100 000＝4 500(美元/期)

债券寿命(年)＝5，因此，n＝10

市场利率＝10％，因此，每半年＝5％

现金收益＝面值的现值＋利息支付的年金现值＝(100 000×0.613 9)＋(4 500×7.721 7)＝96 138(美元)

习题6

答案：选项B是正确的。

相对于已付税款而言，较高的报告税收支出将增加递延税款负债；相对于税收而言，较低的报告税收支出将增加递延所得税资产。

习题7

答案：选项B是正确的。

请注意，普通股是实收资本的一部分。

股东权益总额＝实收资本＋留存收益－库存股＝30 000＋65 000－18 000＝77 000(美元)

习题8

答案：选项A是正确的。

期初股东权益＋额外股本＋净收入－股息＝期末股东权益＝122 500＋(－20 000)＋(96 000－85 500)－0＝113 000(美元)

权益的变化＝113 000－122 500＝－9 500(美元)

第 3 章　理解现金流量表

现金流量表是一种财务文件,用于揭露公司在特定会计期间的现金收入和支出,以此来解释财务状况表上公司现金账户的变化。该报表将给定期间内的现金收入和现金支出分为经营、投资和融资活动三类。

3.1　经营、投资和融资活动产生的现金流量

所有公司都从事经营、投资和融资活动。根据 IFRS 和 US GAAP,所有这些活动均需要归入现金流量表中。

学习目标

识别来自经营、投资和财务的现金流活动,并将现金流项目进行比较和归类。

主要内容

要　点

- 现金流活动分为经营、投资和融资活动三类。
- 经营现金流(CFO):反映与公司的主要日常业务相关的现金流量。有两种方法可以描述现金流量表上的经营现金流:直接法和间接法。
- 投资现金流量(CFI):来自资产买卖或公司投资相关活动的现金流量。如果管理层进行长期投资,那么通过投资而产生的负现金流可能并不是一个坏迹象。
- 融资现金流量(CFF):反映通过发行股票或贷款确保公司使用资金的现金流量。现金流量表的融资活动集中于公司如何筹集资本并通过资本市场回报给投资者。
- 并非公司的每项重要活动都涉及现金。重大非现金活动应纳入补充计划或财务报表附注。

重点名词

- 经营现金流量(Cash Flows from Operations,CFO):反映公司的创收及相关活动。
- 投资现金流量(Cash Flow from Investing,CFI):与生产性资产(实物资产和投资)相关的活动。
- 融资现金流量(Cash Flow from Financing,CFF):表示资金和借款所有权的获取和分配。
- IFRS:系指国际财务报告准则。它是美国以外地区使用的主要会计标准体系。

- GAAP：公认会计准则。它是会计人员在任何特定司法管辖区内，在记录、总结和编制财务报表时都要遵循的准则、惯例和规则的标准框架。
- 投资活动（Investing Activities）：导致非流动资产变化或涉及投资回报的活动，以及将资金投入到预期收益中的活动，通常是长期的。

1. 概述

现金流量表通过声明某一时期的现金支出和收入来说明财务状况表上公司现金账户的变化。在该报表中所有经营、投资和融资活动均被分为现金收入或现金支出。

2. 现金流的分类

公司通常从事三种类型的活动：经营、投资和融资活动。按照 IFRS 和 US GAAP 标准，现金流量表中的现金流量分为三种类型。

- 经营活动产生的现金流量：业务日常活动产生的现金收入或支出，如销售存货、提供服务或其他非投资或融资性质活动产生的现金流。非投资目的的证券交易产生的现金支出和收入也属于该分类。
- 投资活动产生的现金流：代表购买或出售生产性资产（实物资产和投资）的现金收入和支出。它包括与长期资产（如财产、厂房和设备等的收购和销售）有关的现金流，以及对债务工具和短期有价证券（股权或债务工具）的投资，以上均反映在这个类别下。
- 融资活动产生的现金流：表示获取和分配所有权资金和贷款的现金收入和支出。这一类情况反映的是公司从股东或债权人那里筹集的与资源有关的现金流。现金流入的例子包括股权发行的收益、短期借款和长期借款。现金流出的例子包括支出现金股息、还款等。

3. IFRS 和 US GAAP 下的分类

表 3.1　　　　　　　　　　　　　　IFRS 和 US GAAP 下的现金流量分类

项　目	IFRS	US GAAP
现金流量的分类：		
利息收入	经营活动或投资活动	经营活动
已付利息	经营活动或投资活动	经营活动
已收股息	经营活动或投资活动	经营活动
已付股息	经营活动或投资活动	融资活动
银行透支	被认为是现金等价物的一部分	不属于现金和现金等价物的一部分，归类为融资活动
已付税款	一般为经营活动，但如果要明确具体的税款类别，那么一部分可以分配给投资活动或融资活动	经营活动
报表格式	直接法或间接法，通常使用直接法	直接法或间接法，通常使用直接法，无论采用哪种方法，都必须提供净收入与经营活动产生的现金流量的对账

资料来源：《国际会计准则第 7 号-现金流量表》(IAS 7)、FASB-ASC 230（现金流量表标准）和"IFRS 和 US GAAP：相似与区别"，普华永道会计师事务所（可见 www.pwc.com，2017 年 11 月）。

4. 经营活动产生的现金流——直接法

经营活动的现金流量,通常也被称为经营活动的现金流或经营现金流量,反映了与企业创收活动相关的流量。有两种表示方法:直接法和间接法。两种方法产生的结果相同,区别仅在于经营现金流的报告格式。无论采用哪种表示经营现金流的方法,投资和融资现金流的显示格式都是统一的,与列报经营现金流所用的方法无关。

直接法用来表示经营活动产生的现金流量下的现金流入和流出,它显示与其现金收支对应的每笔现金流入和流出。换句话说,应计账款的任何影响都可以通过直接法消除,并且只显示现金收入和现金支出。

支持直接法的主要论点是,使用此方法可以反映有关经营性现金收支具体来源的信息。相反,在间接法下仅说明这些收支的净结果。

表3.2展示了IFRS下使用直接法编制的现金流量表示例。

表3.2　　IFRS下使用直接法的经营现金流量表示例　　单位:美元

项　目	2020年12月31日	2019年12月31日
经营活动产生的现金流量:		
客户支付的现金	25 900	23 478
支付给供应商和员工的现金	−15 658	−17 534
收到的现金利息收入	1 200	178
支付的净利息和其他财务费	−5 426	−4 789
支付税款	−1 963	−750
经营活动产生的净现金流	4 053	583

5. 间接法

间接法只提供现金支出和收入的净结果。它在调整了非现金和非经营项目的经营现金流量及经营应计净变动后,对净收入(间接法起点)进行了核对。支持间接法的主要论点如下:

(1)用该方法展示了经营现金流与净收入之间存在差异的原因。

(2)复制了一种预测方法。该方法始于预测未来收入,通过调整因现金会计与应计会计之间的时间差异而出现的资产负债表账户的变化来得出现金流。

(3)将净收入调整为经营现金流比使用直接法报告总经营现金收支更方便,成本也更低。

表3.3展示了IFRS下使用间接法编制的现金流量表示例。

表3.3　　IFRS下使用间接法的经营现金流量表示例　　单位:美元

项　目	2020年12月31日	2019年12月31日
经营活动产生的现金流量:		
净利润	3 457	4 256
税款	1 200	1 189

续表

项　目	2020年12月31日	2019年12月31日
净融资支出	536	245
经营利润(持续性和非持续性经营)	5 193	5 690
折旧摊销和贬值	1 028	1 001
经营资本变动	1 517	1 501
存货	245	657
交易及其他应收款	536	426
应付交易账款及其他流动负债	736	418
扣除已支付款项的准备金	−275	−74
处置损益	54	−1 567
股票补偿的非现金费用	167	195
其他调整	17	32
经营活动产生的净现金流	7 701	6 778

6. 现金流量表的用途

现金流量表有助于确定流动性,并确定可用来捕捉当前市场机会的资本额。作为公共企业公开发布的重要财务报表之一,投资者在考虑不同企业适应和抓住新机会的能力时,它也是一个容易获得的基准。

3.2　现金流量表与利润表和资产负债表的关联

在编制企业的现金流量表时,通常会同时使用利润表和资产负债表中的信息。

学习目标

描述现金流量表如何与利润表和资产负债表相关联。

主要内容

要　点
- 将现金流量表与公司的利润表相关联,以比较资产负债表和两个报表中的数据。
- 现金流量表的值来自财务状况比较报表、当前利润表和附加文件。
- 现金流量表最终显示了会计期间现金的变化,代表了资产负债表中现金资产的期初和期末的差额。
- 企业的投资活动通常与资产负债表的固定资产部分有关。企业的融资活动通常与长期债务和股权部分有关。

重点名词
- 间接法（Indirect Method）：指现金流量表的一种呈现报表的格式，根据该格式，在经营现金流量下，它以净收入开始，再通过必要的加减，从而产生经营现金流。
- 会计违规行为（Accounting Irregularities）：指与会计专业的一般法律、惯例和规则不一致的，有故意欺诈或欺骗的行为。在财务报表中故意虚报金额和其他信息或遗漏需要披露的信息，属于会计违规行为。会计违规行为通常与无意的错误不同。

基本了解现金流量表、利润表和资产负债表之间的关系，对于评估企业的财务健康状况至关重要，还可以帮助识别任何会计违规行为。

现金流量表、利润表和资产负债表之间的基本关联包括以下几个方面：

（1）资产负债表期初期末的现金和现金等价物金额都与现金流量表相关。现金流量表明确反映了报告期间现金余额的变化，公式如下：

（期初现金余额＋经营、投资和融资活动的现金收入）－（经营、投资和融资活动的现金支出）＝期末现金余额

20×8年12月31日期初资产负债表	截至20×9年12月31日年度的现金流量表	20×9年12月31日期末资产负债表
期初现金余额	加：现金加入（来自经营、投资和融资活动） 减：现金支出（用于经营、投资和融资活动）	期末现金金额

（2）资产负债表中的流动资产和负债部分通常展现了企业的经营活动和决策。资产负债表上的短期资产或短期负债的变动是由于现金和经营交易的应计差额所导致的。

20×8年12月31日期初资产负债表	截至20×9年12月31日年度的利润表	截至20×9年12月31日年度的现金流量表	20×9年12月31日期末资产负债表
期初应收账款	加：收入	减：从客户收取的现金	期末应收账款

（3）资产负债表中的固定资产部分与投资活动相关联。资产负债表的权益和长期债务部分与融资活动相关联。

了解资产负债表和利润表与现金流量表之间的相互关系，有助于评估公司的财务健康状况，并可识别任何不当行为或不一致的会计行为。

3.3　直接和间接现金流量表的编制

现金流量表可以用两种方式来构建。这两种方法最终得到的答案相同，但计算过程有所不同。

学习目标

描述编制直接和间接现金流量表的步骤，包括如何使用利润表和资产负债表数据来计算现金流。

主要内容

要　点

- 企业可以选择使用直接法或间接法来展示其经营现金流。
- 对现金流量表的评估应包括每个活动类别内的现金流来源、现金使用情况和主要驱动因素。
- 使用直接法展示其经营现金流时,经营现金流通过其流入(如从买家收到的现金和投资收入)和使用的经营现金流出(如支出给供应商的现金和利息)来确定。
- 间接法通过对所有非现金项目的净收入和经营营运资本账户的净变化来进行调整,如净收入与经营现金流量。
- 投资产生的现金流总是使用直接法来呈现信息。现金流入包括出售工厂和设备、财产、出售其他公司的非现金等价物债务和股权证券(投资),以及向其他公司收取贷款的本金。现金流出包括收购财产、厂房和设备、购买其他公司的非现金等价物债务和权益证券(投资),以及向其他公司提供贷款。
- 融资产生的现金流总是使用直接法来呈现信息。现金流入包括发行公司股票、发行债券、抵押票据等,以及借款短期或长期债务。现金流出包括支出股息、回购公司股票、支出短期或长期债务、赎回债券。

重点名词

- 非现金费用(Non-Cash Expense):在利润表中记录但不涉及实际现金交易的费用。
- 累计折旧(Accumulated Depreciation):截至特定日期资产所有记录的折旧总和。资产的账面价值是其历史成本减去累计折旧。
- 账面价值(Book Value):公司终止所有资产并偿还所有负债时的价值总额。账面价值也可以指特定资产在计入资产折旧后在其资产负债表上的价值。
- 留存收益(Retained Earnings,RE):指向股东支出分红后剩余的企业收益净额。

1. 编制现金流量表

会计期初末资产负债表上报告的现金和现金等价物账户与现金流量表初末的现金余额直接相关。

净收入与净经营现金流量存在差异的原因主要有两个。一个原因是非现金费用,如有形资产折旧和无形资产摊销。这些费用会减少净收入,但不影响净现金流,因为它们不需要现金支出。另一个原因是收入确认与潜在现金流具体化之间存在的时间差异。

可以使用两种方法将利润表从权责发生制转换为现金收付制:直接法和间接法。公司可以使用这两种方法中的任何一种来展示其经营现金流。

(1)采用直接法。在经营活动类别下,报告的是来自其经营活动的现金流入(如从买家收到的现金和投资收入)和使用产生的现金流出(如支出给供应商的现金和利息)。

一是每个项目都被调整为其在利润表中的现金等价物。

二是反映了经营活动的现金支出和现金收入。采用直接法,可以从中得到更大量的现金流信息,对于普通读者来说也更容易理解。

(2)采用间接法。间接法是通过对非现金和其他项目进行向后调整。本质上调整是基于应计的净收入与经营活动的净现金流量。下一步是调整营运资本账户的变化。

一是间接法说明了净收入与经营现金流之间的差异。

二是很多公司使用这种方法。

展示经营活动净现金流量时,直接法和间接法都可以选择。两种方法都会对经营活动产生相同的净额。

根据 IFRS 和 US GAAP,财务报告可以采用直接法和间接法。直接法揭示了关于企业的更多信息。然而,由于许多企业倾向于只披露有限的信息,因此间接法更常被选择。

无论是直接法还是间接法,投资和融资活动的内容都是相似的。其区别仅在于经营活动。

2. 直接法

经营活动产生的净现金流量在现金流量表中被列为经营性现金收支的重要类别。所有利润表项目均按直接法转换为现金等价物。现金收入与现金支出之间的差额有助于计算净经营现金流量。

假设表 3.4 和表 3.5 为 ABC 公司的资产负债表和利润表。

表 3.4　　　　　　　　　　ABC 公司的资产负债表　　　　　　　　单位:千美元

项　目	2019 年	2018 年
现金	64	58
应收账款	50	57
库存金额	74	77
预付费用	6	4
应付账款	60	70
应付税金	10	5

表 3.5　　　　　　　　　　ABC 公司的利润表　　　　　　　　　单位:千美元

项　目	2019 年
销售情况	252
所销售商品的成本	(106)
毛利润	146
管理及销售费用	(56)
所得税前收入	90
所得税费用	(40)
净收入	50

3. 其他信息

销售货物的成本与应付账款有关,而销售额与应收账款有关。

预支出的费用 6 000 美元与管理和销售成本有关。

4. 直接法计算结果(参照表3.4和表3.5)

(1)现金收入。252 000美元反映了基于应计账款的销售额。由于应收款项减少了7 000美元,因而现金收款额大于应计销售额。

$$现金收入 = 销售额 + 应收款项减少额$$
$$= 252\,000 + 7\,000$$
$$= 259\,000(美元)$$

(2)现金购买。随着存货金额减少3 000美元,往年购买的商品被视为销售商品的成本。因为现金支出(现金流出)减少了10 000美元,所以应付账款又被重新添加到现金购买中。

$$现金购买 = 销售商品成本 - 存货减少 + 应付账款减少额$$
$$= 106\,000 - 3\,000 + 10\,000$$
$$= 113\,000(美元)$$

(3)管理和现金销售费用。与折旧相关的非现金费用6 000美元也包含在销售及管理费用中。此外,预付费用(资产)增加了2 000美元。

管理及销售费用:56 000
减　折旧费用:6 000
加　预付费用:2 000
管理及销售费用:52 000(美元)

(4)现金所得税。利润表上注明的所得税费用为40 000美元。应付税款增加了5 000美元,这意味着有一部分税款尚未缴纳。

$$缴纳所得税 = 40\,000 - 5\,000$$
$$= 35\,000(美元)$$

用直接法表示经营活动产生的净现金流量如下:

现金流量表(直接法)　　　　　　　　　　　　　　　　　单位:千美元

经营活动产生的现金流量	
从客户处收到的现金	259
支出给供应商的现金	(113)
已支出的管理和销售费用	(52)
已缴税金	(35)
为经营活动而支出的现金	(200)
经营活动提供的现金净额	59

5. 间接法

采用间接法计算经营活动产生的净现金流量时,先从净收入开始,然后对所有非现金和其他项目进行向后调整,最后是对营运资本变动的调整。

步骤如下:

第一步,从净收入开始这个过程。

第二步,加回所有非现金费用,如无形资产折旧和无形资产摊销。只要购买固定资产,就会发生现金支出,并且在该时间段内,此类购买属于投资活动。当期实现的折旧费用是指原购买成本对本期的账面分配。该费用不会产生任何现金流出,但会导致费用增加。折旧需要加回净收入,以获得净 CFO,因为它不会影响净现金流。

第三步,减去融资或投资活动的任何收益并加回损失。利润表中出现的非经营性项目会被添加/扣除,如从资产销售中去除收益(或增加亏损)。需要注意的是,出售投资或资产的损益实际上是记录在投资活动现金流量下的现金收益额。因此,在使用间接法确定经营活动的现金流量时,必须从净收入进行调整,以避免重复计算。

第四步,调整与经营相关的账户(除现金、短期借款和短期投资以外的流动资产和流动负债)的变动。经营资产和经营负债的变动-经营资产的增减,如应收账款、存货、预付费用等;经营负债的增减,如应付账款、应计费用等。

请注意,短期借款被列为融资活动,短期投资被列为投资活动。

表 3.6 给出了使用间接法的公司现金流量表示例。

表 3.6　　　　　　　　　公司完整现金流量(间接法)示例　　　　　　　　单位:千美元

项　目	金额	金额
经营活动产生的现金流量利润		
净利润	3 350	
净利润中包含的不影响现金流量的项目:		
折旧	450	
坏账准备	40	
生物资产公允价值	970	
存货减记	500	
衍生工具公允价值	−240	
合计	5 070	
营运资金账户变动:		
贸易及其他应收款的增加	−500	
存货的减少	1 050	
应付账款的减少	−1 740	
合计	−1 190	
经营活动产生的净现金流量		3 880
投资活动使用的现金流量		
收购子公司 XYZ,扣除收购的现金	−550	
购买不动产、厂房和设备	−350	
出售设备的收入	20	
已收利息	200	
已收股息	200	
投资活动使用的净现金流量		−480
融资活动使用的现金流量		
发行股本所得	250	

续表

项　　目	金额	金额
发行长期借款所得	250	
支付融资租赁负债	−90	
已付股息	−1 200	
融资活动使用的净现金流量		−790
现金及现金等价物的净增加额		2 610
现金及现金等价物（期初余额）		120
现金及现金等价物（期末余额）		2 730

大多数企业都使用间接法展示现金流。它的一个关键缺点是缺乏信息。这种方法主要提供了净收入与经营产生的净现金流量之间的对账，使其难以追踪特定的运营成本和现金流要素。

6. 现金流从间接法转换为直接法

大多数公司广泛使用间接法，分析师可按照简单的三步，将其更改为直接法格式。

(1) 汇总所有的收入和所有的费用。

(2) 应删除总收入和支出中的每个非现金项目，将其余项目分解为适当的现金流项目。

(3) 需要调整营运资本变动，以便将应计金额转换为现金流量金额。

综上所述，为便于理解，这里用间接法计算经营活动的现金流量。具体如下：

经营活动的计算（间接法）

从税前利润开始
非现金项目
＋折旧/摊销
资产销售的损益
＋长期资产出售造成的损失
−在出售长期资产时获得的收益
非现金流动资产/流动负债的变动
＋在非现金流动资产中的减少
＋流动负债的增加
−非现金流动资产的增加
−流动负债的减少
利息/股息产生的现金流量应单独披露
−利息收入
−股息收入
−利息费用
＋已收到的利息
＋已收到的股息
−已支出的利息

续表
税收产生的现金流量应单独披露
—已缴纳的所得税

参考文献/拓展阅读

[1] Robinson T, Henry E, Pirie W, etc(2015), *International Financial Statement Analysis 3rd ed*, Wiley, chap. 6.

[2] Subramanyam K R(2014), *Financial Statement Analysis 11th ed*, McGraw Hill, chap 7.

练习题

习题 1

下列有关融资活动现金流量的陈述中正确的是（　　）

A. 包括与公司贷款活动相关的所有现金流入和现金流出

B. 包括公司与股东之间的所有现金流入和现金流出

C. 由于支出现金股利、利息和债务本金，导致它总是负的

习题 2

假设一家公司通常在收到现金或支出现金之前记录费用和收入，则以下说法不正确的是（　　）。

A. 如果收入下降，则即使公司报告经营活动有净现金流入，也会导致净损失

B. 如果收入增加，则即使公司报告经营活动有净现金流出，也会产生净收入

C. 经营活动提供的净收入与净现金流量始终一致

习题 3

对于现金流量表、利润表和资产负债表之间的关系，以下陈述最不准确的是（　　）。

A. 资产负债表中现金资产的期初和期末余额的变动，等于现金流量表中相应会计期间的现金流量总额

B. 通常资产负债表的长期资产类别与其投资活动相关；资产负债表的权益和长期债务类别与融资活动有关

C. 直接法和间接法产生的净经营现金流量不相等

习题 4

以下交易会影响现金的是（　　）。

A. 将债务转换为普通股

B. 信贷销售情况

C. 以账面价值出售固定资产

习题 5

一家公司花费 250 000 美元购买预期寿命为 10 年、零残值的设备。6 年后，该公司以 94 000 美元出售了该设备。该公司采用直线折旧法和间接法来计算经营现金流。以下陈述说明了该如何在现金流量表中记录设备的销售情况的是（　　）。

A. 94 000 美元应被记录为投资活动的现金流入，报表的其他类别不受影响

B. 94 000 美元应被记录为投资活动的现金流入,并增加 6 000 美元将净收入转换为经营活动提供的净现金流量
C. 94 000 美元应被记录为投资活动的现金流入,并减去 6 000 美元将净收入转换为经营活动提供的净现金流量

习题 6

一家公司发行了 100 万美元的新股,并在这一年支付了 20 万美元的现金股息。此外,该公司利用利率下降的优势借入 150 万美元,并还清 200 万美元的现有贷款。该公司还收购了另一家公司的 500 股股票,并支付了 60 万美元。其融资活动所提供的净现金流量为(　　)。

A. 流出 20 万美元　　　　B. 流出 10 万美元　　　　C. 流入 30 万美元

习题 7

一家公司按照指示编制其现金流量表,假设公司的存货和应付账款在会计期间增加,则这些变化会对现金流计算产生影响的是(　　)。

A. 每个账户中的变化都被添加到净收入中
B. 将应付账款的增加额与商品成本相加,并从销售商品成本中扣除存货的增加额,以估算支付给供应商的现金
C. 从销售商品的成本中减去应付账款的增加额,并将存货的增加额与销售商品成本相加,以计算支付给供应商的现金

参考答案

习题 1

答案:选项 B 是正确的。

融资活动的现金流量包括公司与股东之间的所有现金流出/流入。与借款活动和贷款活动相关的现金流被视为投资类别的一部分。

习题 2

答案:选项 C 是正确的。

权责发生制会计法用于编制财务报表。当实现履约义务收入时,仅考虑已发生的费用,收入甚至在收取现金之前就可以记入贷方,费用也可以在支付现金之前被记录下来。经营活动产生的净收入与净现金之间是存在差异的。

习题 3

答案:选项 C 是正确的。

使用直接法和间接法计算的净经营现金流量相等。

习题 4

答案:选项 C 是正确的。

习题 5

答案:选项 B 是正确的。

固定资产的销售=94 000 美元,被列为投资活动的现金流入。

从经营活动获取现金流量,根据间接法,与固定资产相关的调整如下:该期间的折旧费用;销售固定资产时的损失或收益。

本年度的折旧费用(直线法)＝250 000÷10＝25 000(美元)

出售固定资产的损益＝固定资产的售价－固定资产的账面净值
$$=94\,000-(250\,000-25\,000\times 6)=-6\,000(美元)$$

该问题只求与固定资产销售相关的净收入增加额,即出售固定资产损失6 000美元。

习题6

答案:选项C是正确的。

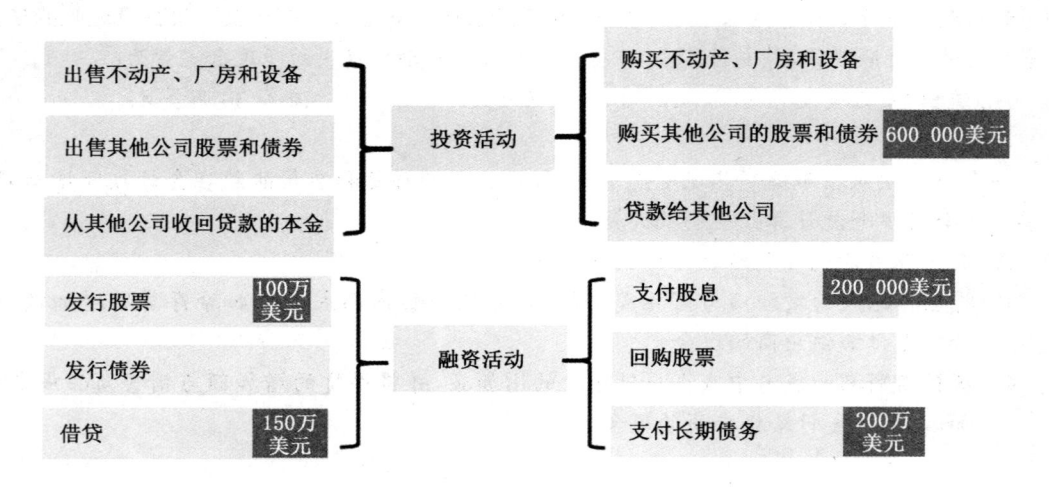

投资活动	出售不动产、厂房和设备	购买不动产、厂房和设备
	出售其他公司股票和债券	购买其他公司的股票和债券 600 000美元
	从其他公司收回贷款的本金	贷款给其他公司

融资活动	发行股票 100万美元	支付股息 200 000美元
	发行债券	回购股票
	借贷 150万美元	支付长期债务 200万美元

融资活动的净现金流量＝1 000 000＋1 500 000－2 000 000－200 000＝300 000(美元)

习题7

答案:选项C是正确的。

存货	
存货期初余额 购买成本	销售成本
存货期末余额	

应付现金	
存货应付款	应付账款期初余额（BB）
	购买的应付账款
	应付账款的期初余额（EB）

购买情况＝存货期末余额＋销货成本－存货期初余额
　　　　＝存货增加＋销货成本

为存货而支付的现金(供应商)＝BB的应付账款＋购买－EB的应付账款
　　　　　　　　　　　　　＝－应付账款增加＋购买
　　　　　　　　　　　　　＝－应付账款增加＋存货增加＋销货成本

2

第二部分

财务分析与评估

第4章 财务分析技术

4.1 财务分析中使用的工具和技术

财务分析技术能有效地总结财务报告中的数据,并评估财务状况或业绩。

学习目标
解释说明财务分析过程中使用的工具和技术。

主要内容

要　点
- 财务分析技术包括比率分析和同比财务报表,它能帮助总结财务报告中的数据和评估财务状况或业绩。
- 财务比率和同比财务报表消除了规模的影响,使得公司间可以进行时间序列分析和横截面分析。
- 在同比财务报表中,财务报表中的所有要素都以共同基数的百分比表示。
- 在资产负债表中选择总资产作为共同基数,在损益表中选择总销售额作为共同基数是很典型的,因为销售额几乎影响所有的费用类别。

重点名词
- 比率分析(Ratio Analysis):一种使用比率来总结财务报告数据的财务分析技术。
- 共同比分析(Common-Size Analysis):使用共同的分母重新展现财务报表项目,使人们能够识别趋势和发现显著差异。

　　财务分析有助于评价一个公司在一段时期内的财务业绩和分析业绩趋势。对于公司的股权证券估值、财务风险暴露评估和潜在合并或收购发生时开展必要的尽职调查方面,财务分析也很方便。

　　利用一些不同的工具和技术评估公司的财务状况是很有用的,尤其是当比较一家公司的长期财务数据(时间序列分析)和同行公司的业绩(横断面研究)时,它们被证明是非常有用的。这些工具和技术可能包括图表分析、比率分析和同比财务报表。

1. 财务比率分析

比率比较值是将一个值与另一个值进行比较。比率很有吸引力,因为它们非常直接和方便。比率可以显示一个公司的概况、经济属性、竞争策略和独特的经营、财务、投资属性。

2. 共同比分析

主要数据会隐藏相关数据,而这些数据往往会在百分比中暴露出来。同比报表对损益表、资产负债表和现金流量表项目进行了调整,以使不同规模公司之间具有可比性。

共同比资产负债表指的是所有资产负债表项目占总资产的百分比。

$$共同比资产负债表比率 = \frac{资产负债账户}{总资产} \tag{4.1}$$

共同比损益表表示所有损益表账户的销售额百分比。共同比损益表比率在分析成本和利润率趋势方面具有优势。

$$共同比损益表比率 = \frac{损益表账户}{销售收入} \tag{4.2}$$

对于现金流量表,分析师可以选择共同比报表分析。推荐两种方法:现金流入/现金流出总额法和净收入百分比法。

以上比率可以比较不同规模公司或同一公司的财务报表。

趋势分析为分析师和管理层提供了关于公司历史增长和业绩的有用信息或预测和管理工具。

横截面分析也称为相对分析,是将一家公司的指标与另一家公司的相同指标进行比较,无论两家公司的规模是否明显不同抑或是以其他币种报告的财务数据,都可以进行比较。

3. 图表

图表有助于比较财务结构和业绩随时间的变化,强调公司在运营方面显著的变化。除此之外,图表还为分析师提供了公司风险趋势的可视化总结。图表可以被有效地用来传达分析师对风险管理和财务状况的概述。

4. 回归分析

回归分析有助于定义影响预测估计的变量之间的关系。它还可以帮助识别与历史统计关系相反的移动项目的比率。

参考文献/拓展阅读

[1] Robinson T, Henry E, Pirie W, etc (2015), *International Financial Statement Analysis 3rd ed*, Wiley, chaps. 1 and 7.

[2] Subramanyam K R (2014), *Financial Statement Analysis 11th ed*, McGraw Hill, chap 1 & pp. 27—33.

4.2 用途和局限性

在财务分析中提到的技术有几个局限性。金融技术带来的结果为证券估值提供了重要的输入信息。

学习目标

描述财务分析工具和技术的使用和限制。

主要内容

要　点

- 共同比财务报表分析还提供了更先进的财务分析工具,如资产组成分析和评估公司的资本结构风险。
- 比率分析通常被用来评估一个组织的绩效、前景和风险概况。这样的研究可能会决定一个组织相对于整体经济、行业、行业同行的绩效,或者用于评估一个组织的绩效。
- 分析师需要注意,财务比率衡量的是公司的历史业绩和趋势,并持续与新数据、新闻、财务和相关报告保持一致。
- 根据公司的性质,分析师需要考虑在总体或细分哪种水平上做比率分析是最好的。

重点名词

- 横向共同比分析(Horizontal Common-Size Analysis):指研究特定的所列项目,并将其与前一个或后一个财务期间的类似所列项目进行比较。
- 纵向共同比分析(Vertical Common-Size Analysis):指的是将特定的所列项目与和它在同一财务期间的基本项目进行比较。
- 会计年度结束(Fiscal Year Ends):建议在 12 个月内或一年的会计期间内完成。

比率分析可以评估公司的历史业绩和其当前的财务状况,并提供有助于预测未来结果的见解。比率分析涉及股权估值、信用评级和破产预测。

比率分析的局限性包括:

(1)由于公司经营活动的异质性或同质性,比较公司可能具有挑战性。

(2)有时候在比率分析中使用不同的比率可能会导致不一致的结果,并不是所有的比率都需要用于具体分析。人们应该确定哪些特定的比率与他们的问题最相关。

(3)不同的会计方法可能会错报比率(如存货估值折旧法)。

(4)必须谨慎解释比率。当比较同一行业的公司或同一公司在不同时期的情况时,分析师应该检查这些公司是否具有可比性。由于会计方法经营理念与业务组合,财务比率可能无法与其他行业直接比较。

共同比财务报表分析使公司之间或给定公司期间的分析变得容易。使用共同比财务报表有时可以帮助分析师发现原始财务报表中不明显的趋势。因此,分析师可以得出关于组织经营业绩属性的有用假设,如利润率、费用比率以及公司在前期流动资产和非流动资产中的资源分配。

纵向共同比分析强调了资产负债表的构成。它回答了一些问题,如公司持有何种资产组合、如何融资、公司的资产负债表构成与同行公司相比如何,并解释了存在的任何差异。

横向共同比分析可以突出公司在不同时间段的结构差异。对历史趋势的分析(历史分析)可以通过评估趋势是否可能改变方向或继续下去来帮助建立未来预期。

如果所比较的企业的财务业绩规模存在显著差异,或者其财务信息以不同的货币进行报告,则不需要进行净利润比较。财务比率和共同比财务报表将是首选,因为它们消除了规模所作为的限制因素,从而可以进行更实际的比较。

会计年度和会计准则的差异可能会限制可比性。这种限制可以通过追踪 12 个月的信息并确定这些差异对可比性的影响来克服。通过适当的调整,可以最大限度地减少这种影响。

参考文献/拓展阅读

[1]Robinson T,Henry E,Pirie W,etc(2015),*International Financial Statement Analysis 3rd ed*,Wiley,chap 7.

[2]Subramanyam K R(2014),*Financial Statement Analysis 11th ed*,McGraw Hill,chap 1 & pp 27—39.

4.3 运用比率分析对公司进行评估

4.3.1 财务比率的分类和计算

比率分析是一种评估公司报告的工具,能将其与风险、回报(盈利能力)、偿付能力和公司运营状况联系起来。

学习目标

对活动、流动性、偿付能力、盈利能力和估值比率进行分类、计算和解释。

主要内容

要 点

- 财务比率可分为经营活动比率、流动性比率、偿付能力比率、盈利能力比率和估值比率。
- 比率也可联合评估以更好地理解杠杆率和效率是如何与盈利能力相关联的。
- 经营活动比率用于衡量一个公司如何有效地运作日常任务,如应收账款收集和库存管理。流动性比率用于衡量公司履行短期承诺的能力。偿付能力比率用于衡量公司满足长期承诺的能力。
- 盈利能力比率用于计算公司从其资产产生利润的能力。
- 估值比率用于衡量与特定所有权(如所有权或企业份额)相关的资产或流量(如收益)的数量。
- 估值比率描述了公司的市场价值或其权益(如每股价格)和其他与公司基本面相关的财务变量(如每股收益)之间的关系。

重点名词

- 存货周转率(Inventory Turnover):评估公司存货管理的效率。高比率表明,库存不是储存在仓库或货架上,而是从购买到销售有一个快速的周转时间。企业会计方法的选择可能会影响存货周转率。
- 应收账款周转率(Receivable Turnovers)：评估公司信用政策的效率,并说明维持公司销售水平所需的应收账款投资水平。这个比率的计算只使用贸易应收款项。投资活动或贷款的其他应收款项不得使用,因为它们不属于经常性经营业务。
- 应收账款天数(Receivable Days)：计算在客户收款前应收账款未偿还的平均天数,也被称为授予客户的平均信用日。
- 现金比率(Cash Ratio)：是最保守的衡量方法,只测量实际现金和能够迅速变现的证券。
- 经营周期(Operating Cycle)：计算从销售库存到最终应收账款转换为现金所需天数的总和。
- 稀释每股收益(Diluted EPS)：评估包括公司所有转换或行使所导致的基本每股收益减少的证券的影响。稀释性证券包括可转换债券、可转换优先股、认股权证和期权。
- 股息支付比率(Dividend Payout Ratio)：衡量公司以百分比形式分配给股东的股息收益。
- 留存率(Retention Rate)：留存率又称收益留存率,是对股息支付率的补充(即 1－股息支付率)。
- 可持续增长率(Sustainable Growth Rate)：衡量一个公司的盈利能力(ROE 或股本回报率)和内生的资金融资增长能力(留存率)的函数。可持续增长率＝留存率×ROE×留存率。

1. 经营活动比率

经营活动比率用于评估一个组织如何有效地执行日常任务,如应收账款的收集或库存管理。表 4.1 汇总了大多数经营活动比率的计算。

表 4.1　　　　　　　　　　　　　　经营活动比率汇总

活动比率	比率计算
存货周转率	$\dfrac{\text{销售货物的成本}}{\text{平均库存}}$
库存天数(DOH)	$\dfrac{\text{天数}}{\text{存货周转率}}$
应收账款周转率	$\dfrac{\text{收入或赊销收入}}{\text{平均应收账款}}$
应收账款天数(DSO)	$\dfrac{\text{天数}}{\text{应收账款周转率}}$
应付账款周转率	$\dfrac{\text{采购}}{\text{平均应付账款}}$
应付账款天数	$\dfrac{\text{天数}}{\text{应付账款周转率}}$
营运资金周转率	$\dfrac{\text{收入}}{\text{平均运营资金}}$

续表

活动比率	比率计算
固定资产周转率	$\dfrac{收入}{平均固定资产}$
总资产周转率	$\dfrac{收入}{平均总资产}$

2. 流动性比率

流动性比率用于评估一个组织满足其短期承诺的潜力以及资产转化为现金的速度。表4.2中的清单汇总了大多数流动性比率的计算。

表4.2　　　　　　　　　　　流动比率汇总

流动性比率	比率计算
流动	$\dfrac{流动资产}{流动负债}$
速动比率	$\dfrac{现金＋短期有价证券＋应收款项}{流动负债}$
现金	$\dfrac{现金＋短期有价证券}{流动负债}$
安全偿付期	$\dfrac{现金＋短期有价证券＋应收款项}{日常支出}$
现金循环周期	库存天数＋应收账款天数－应付账款天数

3. 偿付能力比率

偿付能力比率用于评估一个组织满足长期承诺的潜力。偿付能力比率的子类别又被称为"长期债务"和"杠杆"比率。表4.3总结了偿付能力比率的计算方法。

表4.3　　　　　　　　　　　流动比率汇总

偿付能力比率	比率计算	偿债备付率	比率计算
资产负债率	$\dfrac{总负债}{总资产}$	利息保障倍数	$\dfrac{息税前利润}{利息款}$
债务资本比率	$\dfrac{总负债}{总负债＋股东权益总额}$	固定费用偿付比率	$\dfrac{息税前利润＋租赁付款额}{利息款＋租赁付款额}$
债务股本比	$\dfrac{总负债}{股东权益总额}$		
财务杠杆	$\dfrac{平均资产总额}{股东权益总额}$		

4. 盈利能力比率

盈利能力比率用于评估组织从其资产中获利的潜力。表4.4汇总了这些比率的计算方法。

表 4.4　　　　　　　　　　　　　　　盈利能力比率汇总

销售回报率	比率计算	投资回报率	比率计算
毛利润率	$\dfrac{毛利}{收入}$	经营资产回报率	$\dfrac{营业收入}{平均总资产}$
营业利润率	$\dfrac{营业利润}{收入}$	资产回报率	$\dfrac{净收入}{平均总资产}$
税前收益率	$\dfrac{EBT(税前收益)}{收入}$	总资本回报率	$\dfrac{息税前利润}{债务+所有者权益}$
净利润率	$\dfrac{净收入}{收入}$	普通股收益率	$\dfrac{净收入-优先股股息}{普通股平均收益}$

5. 估值比率

评估比率用于评估与特定债权所有权(即企业的所有权或股份)相关的资产或流量(如收益)的规模。表 4.5 描绘了大多数常用的估值比率。

表 4.5　　　　　　　　　　　　　　　估值比率汇总

	常用估值比率	比率计算
估值比率	P/E	$\dfrac{每股价格}{每股收益}$
	P/CF	$\dfrac{每股价格}{每股现金流}$
	P/S	$\dfrac{每股价格}{每股销售额}$
	P/BV	$\dfrac{每股价格}{每股账面价值}$
每股价格	基本每股收益	$\dfrac{净收入-优先股股息}{已发行普通股加权平均数}$
	稀释每股收益	$\dfrac{净收入-优先股股息+可转换债务的税后利息}{已发行普通股加权平均数+将要发行的普通股数量(已在转换时发行)}$
	每股现金流	$\dfrac{经营活动产生的现金流量净额-优先股}{已发行普通股加权股数}$
	每股 EBITDA	$\dfrac{息税折旧摊销前利润}{平均普通股数}$
	每股股息	$\dfrac{已付股息}{已发行股数}$
股息相关比率	股利支付率	$\dfrac{普通股股利}{归属于普通股的净收益}$
	留存收益率(b)	$\dfrac{归属于普通股的净收益-普通股股利}{归属于普通股的净收益}$
	可持续增长率	留存收益率×净资产收益率

6. 综合财务比率分析

共同评估比率,可以了解杠杆率和效率如何与盈利能力联系在一起。来自一类比率的数据可能有助于回答另一类比率所带来的问题。最详细的汇总来自整合所有来源的数据。

4.3.2 比率之间的关系

比率比较价值是将一个值与另一个值进行比较,以评估公司的长期绩效。

学习目标

描述比率之间的关系并使用比率分析评估公司。

主要内容

要　点

- 效率直接影响资产流动性(企业履行短期义务的能力)。经营活动比率有助于衡量流动性。
- 来自一类比率的数据有助于回答另一类比率所提出的问题。最详细的汇总来自整合所有来源的数据。

重点名词

- 偿付能力(Solvency):公司可以履行其长期债务和其他财务义务。偿付能力是一个公司财务健康的一种指标,因为它决定了公司管理未来业务的能力。
- 资产收益率(ROA):衡量公司相对于其总资产的获利能力的指标。ROA 为分析师、投资者和管理者提供了一个概念,说明了公司管理层在利用资产产生收益方面的效率情况。ROA 用百分比表示。
- 资产利用率(Asset Utilization):资产利用率可以计算出公司拥有的每一美元资产所赚取的总收入。该比率经常用于比较公司在一段时间内的效率。

财务比率比较价值:它可以将一个价值与另一个价值进行比较,并用于检查公司在一段时间内的绩效。

建议研究各种财务比率,而不仅仅是一类比率或单个比率。探索多样性对于确定公司在给定时间内的整体财务状况和绩效很有用。

以下是截至 2019 年 12 月 31 日和 2020 年 12 月 31 日的公司数据(见表 4.6)。

表 4.6　　　　　　　　　公司财务比率数据示例

比　率	2020 年 12 月 31 日	2019 年 12 月 31 日
净资产收益率(ROE)	5.75%	4.12%
资产收益率(ROA)	3.17%	2.98%
流动比率	2.1	1.5
存货周转率	35.8	31.7
净利润率	3.23%	1.56%
资产负债率	56.23%	65.00%

数据表明,从 2019 年到 2020 年,公司的业绩有所改善。改善情况如下:
(1)盈利能力提高。ROE、ROA 和净利润率的数字上升都证明了这一点。
(2)流动性增加。流动比率的上升证明了这一点。
(3)资产利用率提高。因库存周转率上升而引起。
(4)资产负债率下降。这表明了更好的偿付能力。

参考文献/拓展阅读

[1] Robinson T, Henry E, Pirie W, etc(2015), *International Financial Statement Analysis 3rd ed*, Wiley, chap 7.

[2] Subramanyam K R(2014), *Financial Statement Analysis 11th ed*, McGraw Hill, chap 10.

4.4 杜邦分析的股本收益率及其成分变化的影响

净资产收益率(ROE)的细分使投资者能够专注于各个组成部分,以确定优势和劣势。

学习目标

演示杜邦股本回报率分析的应用,并解释组成部分的变化的影响。

主要内容

要　点

- 杜邦分析是一种用于分解净资产收益率(ROE)的不同影响因素的便携方法。
- 净资产收益率可以通过净利率乘以资产周转率乘以财务杠杆计算得出。这种分解常称为杜邦分析。
- 分解 ROE 有助于确定给定公司 ROE 随时间变化的原因,以及给定时期内不同公司 ROE 的差异。
- 分解还展示了公司的整体盈利能力,它是以净资产收益率衡量,作为效率、运营盈利能力、税收和财务杠杆使用的函数。
- 杜邦分析步骤:ROE=(营业利润率×总资产周转率-利息支出率)×财务杠杆乘数×税收保留率

重点名词

- 杜邦分析:一种使用其他财务比率乘积分解投资回报率(如股本回报率)的方法。

杜邦分析是一种用于将 ROE 分解为其各个组成部分的方法,该方法将基本比率表示为组成比率的乘积。这种细分有助于评估特定业务在一段时期内 ROE 变化的基础。

杜邦模型通常将净资产收益率分解为构成比,以评估其影响。

传统的杜邦方程如下:

$$ROE = 净收入 \div 普通股$$

$$ROE = (净收入 \div 净销售额) \times (净销售额 \div 普通权益)$$

因此，

$$ROE = 净利润率 \times 股权周转率 = ROA \times 杠杆率$$
$$ROE = (净收入 \div 净销售额) \times (净销售额 \div 总资产) \times (总资产 \div 普通股)$$

每个组成部分都会影响股东的总体回报。资产周转率利润率或杠杆率的增加将导致回报率的增加。不足之处是在任何一年公司若遭受损失，资产周转率或财务杠杆就会使损失影响倍增。

$$ROE = 净利润率 \times 资产周转率 \times 权益乘数$$

因此，为了增加股本回报率，公司最终应追求更多盈利（较高的净利润率，如定价和费用控制）、高效（增加总资产周转率，如资产使用效率）、杠杆（增加其财务杠杆比率）。

扩展的杜邦模型考虑了以上三个组成部分，它们基于财务杠杆水平综合了税收和利息的影响。

用会计术语重写，方程如下：

$$ROE = (营业利润率 \times 总资产周转率 - 利息支出率) \\ \times 财务杠杆乘数 \times 税收保留率$$

$$ROE = [(EBIT \div 销售额) \times (销售额 \div 资产) - (利息 \div 资产)] \\ \times (资产 \div 权益) \times (1 - 税率)$$

$$ROE = (营业利润率 \times 总资产周转率 - 利息支出率) \\ \times 财务杠杆乘数 \times 税收保留率$$

更高的财务杠杆并不总是会增加股本回报率；较高的财务杠杆将增加利率支出率，从而消除较高杠杆所带来的任何利益。这种分解有助于分析师了解公司的净资产收益率发生了什么以及为什么发生。

参考文献/拓展阅读

Subramanyam K R(2014), *Financial Statement Analysis* 11th ed, McGraw Hill, chap 8.

练习题

习题1

关于财务分析中使用的工具和技术，以下陈述最不准确的是（　　）。

A. 财务分析技术，包括共同比财务报表和比率分析，可用于汇总财务报告信息并评估公司的业绩和财务状况

B. 共同比财务报表和财务比率消除了规模的影响，是将一家公司与同行公司进行比较，并比较一家公司不同时期的财务状况

C. 将一家公司的财务业绩与同期其他同行公司的财务业绩进行比较的方法，被称为时间序列分析

习题2

关于比率分析的用途和局限性，以下陈述最不准确的是（　　）。

A. 比率分析被广泛用于分析公司的业绩、前景和风险概况

B. 公布的财务报表的比率和分析不会过时。分析师应该始终把财务比率作为当前业绩的指标

C. 虽然我们区分不同类别的比率以强调公司财务状况和业绩的各个方面,但我们必须始终记住,这些组成部分是相互关联的

习题 3

分析师会将以下用于分析公司执行日常任务(如应收账款收集和库存管理)效率的是(　　)。

A. 经营活动比率　　　　B. 偿付能力比率　　　　C. 获利率。

习题 4

公司的流动资产为 450 000 美元,流动比率为 2.5。假设公司预付了 20 000 美元的租金,为期 9 个月,则此交易后的当前比率最接近(　　)。

A. 2.39　　　　B. 2.61　　　　C. 2.5

习题 5

以下可以反映公司履行短期义务能力的是(　　)。

A. 流动比率　　　　B. 偿付能力比率　　　　C. 盈利能力比率

习题 6

X 公司的净销售收入为 436 000 美元,销售商品成本为 343 000 美元,净收入为 3 000 美元。如果利息费用是 10 000 美元,所得税费用是 1 000 美元,则利息收入率最接近(　　)。

A. 1.4　　　　B. 0.33　　　　C. 1.3

习题 7

以下可以反映公司履行长期义务能力的是(　　)。

A. 流动比率　　　　B. 偿付能力比率　　　　C. 盈利能力比率

习题 8

在两年的时间里,Premium Product 毛利率从 70.4% 上升到 69.7%。下列不可能是这种变化的原因的是(　　)。

A. 降低售价　　B. 产品成本占销售额的百分比上升　　C. 售价上涨

习题 9

当分析师检查以下内容时,能够回答一家公司如何利用其资源(资产)产生利润的是(　　)。

A. 流动比率　　　　B. 偿付能力比率　　　　C. 盈利能力比率

习题 10

如果一家公司的市盈率为 12.5,而该公司的股价为每股 17.50 美元,那么该公司的每股收益为(　　)。

A. 0.71 美元　　　　B. 1.40 美元　　　　C. 5.00 美元

习题 11

每股交易价格为 20 美元。如果该公司的收益为 6 400 万美元,流通股为 2 亿股,那么公司的市盈率最接近(　　)。

A. 62.5　　　　B. 200　　　　C. 0.31

习题 12

贵公司在 2018 财年和 2019 财年实现相同的 ROE。比较两年内 ROE 驱动因素的差异,情况如下:

你的公司	利润率	资产周转率	财务杠杆率	ROE
2018 财年	0.046	1.61		13.3%
2019 财年		1.10	1.52	13.3%

利润率较高、财务杠杆率较高的财年是( )。

A. 2018 年利润率较高,2019 年财务杠杆率较高

B. 2018 年利润率较低,2019 年财务杠杆率较高

C. 2018 年利润率较低,2019 年财务杠杆率较低

习题 13

A 公司 2018 年和 2019 年的净资产收益率分解如下:

A 公司	利润率	资产周转率	财务杠杆率
2018 年	7%	1.5	4
2019 年	13%	1.5	2

分析师最有可能得出的结论是( )。

A. 2019 年的 ROE 高于 2018 年,与数据一致的一种解释是,A 公司已将战略转向利润率较低的产品组合

B. 2019 年的 ROE 高于 2018 年,与数据一致的一种解释是,2018 年可能购买了更新的设备,以替换旧的、折旧的设备

C. 2018 年的 ROE 略高于 2019 年,与数据一致的一种解释是,2018 年财务杠杆高

参考答案

习题 1

答案:选项 C 是正确的。

横断面分析比较了同一时期的公司。时间序列或趋势分析是用来比较不同时期的财务数据。

习题 2

答案:选项 B 是正确的。

对已发布的财务报表执行的比率和分析可能已过时,因为它是基于滞后的已审计财务报表。

习题 3

答案:选项 B 是正确的。

习题 4

答案:选项 C 是正确的。

公司预付租金:20 000 美元

现金:20 000 美元

预付租金和现金均属于流动资产。两者的和不会改变,流动比率也保持不变。

习题 5

答案:选项 A 是正确的。

习题 6

答案:选项 A 是正确的。

赚取的利息倍数＝息税前利润(EBIT)÷利息费用
　　　　　　　＝(3 000＋10 000＋1 000)÷10 000＝1.4

习题 7

答案:选项 B 是正确的。

习题 8

答案:选项 C 是正确的。

毛利润率＝毛利润÷净销售额 ＝(净销售额－售出商品成本)÷净销售额

通常,我们可以认为,净销售额＝货物销售价格×售出商品数量,销货成本＝成本×售出商品数量。因此,毛利率＝(每单位售价－每单位成本)÷每单位售价,售价上升可能会增加毛利率。

习题 9

答案:选项 C 是正确的。

习题 10

答案:选项 B 是正确的。

市盈率(P/E)＝价格÷每股收益

12.5＝17.5÷每股收益

每股收益＝1.4 美元

习题 11

答案:选项 A 是正确的。

每股收益＝6 400 万美元收益÷2 亿流通股＝0.32(美元)

市盈率(P/E)＝20÷0.32＝62.5(倍)

习题 12

答案:选项 A 是正确的。

2018 年财务杠杆＝13.3÷1.61÷0.046＝1.80

2019 年利润率＝13.3÷1.52÷1.10＝0.080

习题 13

答案:选项 C 是正确的。

ROE＝利润率×资产周转率×财务杠杆

由于高财务杠杆,2018 年的净资产收益率略高。

选项 A 不正确,因为 2018 年的 ROE 略高,而 2019 财年的利润率更高。

选项 B 不正确。如果公司 A 购买了更新的设备来替换旧的、折旧的设备,假定固定销售额,则其资产周转率(按销售/资产计算)将下降。

第5章　财务报表质量与评价

通过回顾这样一个理论框架,可以更好地帮助我们评估财务报表的质量,总结影响财务报告质量的潜在因素。

5.1　管理利润表、现金流量表、资产负债表账目的方法

投资者需要知道会计方法的选择是如何影响财务报表的。

学习目标

理解用于管理利润表、现金流量表、资产负债表账目的会计方法(会计估计、会计选择)。

主要内容

要　点

- 在坏账准备金/贷款损失准备金方面,常见的顾虑是准备金的增加是否低于或者高于过去,换言之,收账的实际情况是否可以解释现在与过去拨备水平的差异。
- 在存货成本法下,典型的问题可能包括成本核算方法是否产生了公正的报告结果,或者有没有在进行存货估值时如实将一部分储备确认为呆滞存货。
- 商誉方面,公司对于商誉账户应该进行年度评估,在定性的基础上对其进行减值。商誉测试的披露表明,为了避免减值支出,这种做法存在偏差。

重点名词

- FIFO(First In First Out):先进先出法。这种方法是假定最早取得的存货最先被销售,换言之,最先购买的存货最先转化为成本。
- LIFO(Last In First Out):后进先出法,同样也是一种处理存货的会计方法。这种方法是假定后取得的存货最先被售出。
- 加权平均成本法(Weighted Average Cost):在这种方法中,我们将总存货成本除以在架存货单位数,得到每单位存货的加权平均成本。如此计算得出的成本既可以用于剩余存货计价,也可以用于计量销货成本。
- 权责发生制会计(Accrual Accounting):与只在现金转账发生时才记录交易的现金会计制不同,权责发生制是通过应收应付的经济状况来评价公司的表现,并不考虑现金流动何时发生。
- 双倍加速折旧法(Double Declining Method):以两倍于直线折旧法的速度进行资产

折旧。鉴于折旧速度增加了,这种方法也被称为加速折旧法。

投资者需要注意,会计方法的选择可能会影响财务报表。会计方法的选择不一定涉及引入复杂的计量规则,以至于显著影响利润表和其他财务报表的时间安排。财务报表的质量越好,越是有更多有意义的数据可供报表使用者来分析会计方法的选择所造成的影响。

许多会计方法能让公司管理者美化其利润表、资产负债表、现金流量表账目。

1. 成本流转假设

成本流转假设方法会影响盈利能力。公司通常假设其库存是以先进先出(FIFO)的方式出售给客户的。因此,这意味着剩余库存描述了最近的成本价位。此外,也可以假设存货是按照加权平均成本法出售给客户的。

当价格发生变化时,FIFO 可以更准确地表示期末存货价值。因此,该公司的资产负债表数据将更适合投资者。若使用加权平均成本,则资产负债表需包含新旧成本组合。此外,当前成本将在销售成本中描述,这使得利润表比先进先出法更具相关性。

2. 权责发生制会计 VS 收付实现制会计

收付实现制会计只描述公司进行的所有现金交易,隐藏了大量财务信息。相反,权责发生制会计力求勾勒出特定时期内公司经济状况产生的影响。

权责发生制对于会计期间所发生经济活动的概括比收付实现制会计更加透明。然而,权责发生制可能会诱导公司致力于提升账面价值,而不是专注于运营企业。

3. 折旧方式

企业可以选择使用以下任一方法对长期资产进行折旧:一是直线法,每年报告固定折旧费用;二是加速折旧法,在资产寿命的早期报告较高的折旧费用;三是基于活动的折旧,根据使用或生产单位对折旧费用进行分类。资产的残值也会影响折旧费用。

折旧方法的选择会影响报告期利润。

4. 商誉

商誉的估计基于对未来财务表现的预测。为了避免对任何形式的商誉进行减值,对其的估计可能会虚增。

5. 现金流量表的编制

公司可以在没有实实在在提升营运现金流的情况下美化 CFO(Cash Flow from Operations,即经营活动产生的现金流)。例如,管理层可以故意延长应付账款的付款期限来提升 CFO。另外,当净收入明显高于 CFO 时,这很有可能是因为管理层利用会计手段人为增加了净收益。它还可能将现金的运营用途错误地分类到报表的投资或融资部分中,以使 CFO 看起来比实际情况更好。

参考文献/拓展阅读

[1] Robinson T, Henry E, Pirie W, etc(2015), *International Financial Statement Analysis 3rd ed*, Wiley, chaps. 11 and 17.

[2] Subramanyam K R(2014), *Financial Statement Analysis 11th ed*, McGraw Hill, pp. 106-131 & chap 11.

5.2 会计预警信号

公司的财务报告提供了关于企业财务状况的重要线索,其中一些线索表现为财务预警信号。

学习目标
描述几种会计预警信号和识别财务信息操纵的方法。

主要内容
要　点
- 财务操纵可以与时间有关,也可能与地点有关。
- 发布质量欠佳的财务报告可能出于以下原因:隐藏经营不善、有抬高股价的意图、提高个人报酬、避免违反债务契约的规定。
- 一些财报操纵预警信号与两种基本的操纵方式有关:扭曲收入的确认、扭曲费用的确认。
- 投资者和分析者可以注意以下方面的财务操纵预警信号:收入信号、存货信号、(费用)资产化政策、费用递延、现金流与净收益间的关系等。

重点名词
- 时间偏倚(Timing Bias):当公司提前或者是延迟会计记录的确认时,时间偏倚就会发生。
- 归类偏倚(Location Bias):当公司将一条会计记录归于错误的账目时,归类偏倚就会发生。
- 财务操纵(Financial Manipulation):运用新型的会计技巧,以使一家公司的财报如管理层所希望那样反映财务表现,而不是如实地反映。

1. 财务操纵
一些分析者需要注意的潜在预警信号如下:
(1)收入。检查收入的确认准则以及收入与行业平均水平的关系。
(2)存货。检验存货与行业平均水平的关系。
(3)现金流与净收益的关系。
(4)其他危险信号。
2. 对收入保持警惕
收入是最常被操纵的账目。评估收入报告质量的方法有以下三种:
第一种是检查会计准则附注,找到公司的收入确认准则。确保每笔应交付货物收入的确认与其所耗费成本的确认相匹配。
第二种是检视收入的相对水平,对比其同业竞争者或者行业整体水平,分析公司的收入增长。如果一家公司的收入增长显著快于其同业竞争者或者行业整体水平,则需要证明其出色的业绩是合理的。可能的解释包括更好的管理和/或更好的服务/产品品质。

第三种是应收账款和历年收入的比较。上述两者之间的比值增大可能说明坏账准备金不足,甚至存在伪造销售收入的行为。

3. 存货方面的信号

(1) 与同业竞争者或者行业标杆比较存货的增加量。一家公司偏离行业趋势意味着存货积压或者是存货管理不良。前者表明公司的利润和资产都被高估了。

(2) 计算存货周转率。存货周转率的下降可能意味着存货报废。

4. 关注现金流与净收益之间的联系

现金流与收益的比值长期小于1,可能表明公司惯于利用权责发生制计入无现金相匹配的收入。

5. 其他预警信号

(1) 折旧方法和折旧年限。如果折旧方法和预计折旧年限与同行业公司存在显著差异,那么这可能显示了财务操纵的意图。

(2) 第四季度的反常。公司一般会避免会计错误,除非有迫在眉睫的需要,因此财务操纵常常在第四季度的报告中出现。假如公司的业务不具有季节性,则分析师应该特别注意那些总是在第四季度有超预期表现的公司。

(3) 收入中包含的非营业性收入或者一次性收入。公司可以将一项资产的处置所得归于收入,从而掩饰收入的下降。同样,公司也可以通过将某些费用归于"一次性"类别来达到让损失看起来更低的目的。

5.3 公司收益的质量

收益的质量指的是归于核心运营业务的收益比例。

学习目标

描述影响收益质量的因素。

主要内容

要　点

- 报告的质量与所披露的信息有关。高质量的报告刻画了公司在报告期中的现实经济状况以及在报告期末的财务状况。
- 收益的质量与公司实际经济活动产生的收益、现金有关,也与最终的财务成果的好坏(相对于对当下和未来的财务表现之预期)有关。优质收益被认为是可持续的,它为预测工作提供了良好的基础。
- 高质量的收益比低质量的收益更能拉升公司的价值,并且人们一般会认为收益的高质量与财报的高质量是等价的。
- 低质量收益不足以补偿公司的资本成本,它源于非经常的一次性经济活动。另外,"低质量收益"这个词也常用于描述财报信息不足以使公司表现变得明晰的情况。

重点名词
- 均值回归（Mean Reversion）：在金融中指资产价格变化的规律，历史收益最终会回归长期的均值或者整个数据集的平均水平。
- 经常性收益（Mean Reversion）：企业收入中可预见其在未来持续的部分。与此相对的是一次性收入，或者是其他可以复现，但是具有极大不确定性的收入。

收益的质量有好有坏——从优质、可持续到质量低、不可持续。大多数财务信息的提供者倾向于呈现优质、可持续的收益。高质量的收益能提升公司的价值，相反，低质量的收益会导致公司价值下降。

高质量的收益必须是可持续的。

重要的不是一家公司可以挣多少钱，而是它是如何挣到这些钱的，这些收益的可重复性如何。从运营中获得大量可持续现金收入的公司拥有良好的收益质量。

以下有几个指标可以衡量收益的质量。

（1）经常性收益。净收益受非经常性项目的影响，这些项目要么是暂时的要么就是随机发生的。因此，人们不认为净收益是预测未来收益的良好指标。来自常规业务的经常性税前收益代表着公司的可持续收益，故它应该是分析的关键。低质量收益常常来自非经常性的或者是一次性的活动。

区别经常性业务的成果和非经常性项目有助于预测未来的现金流和收益。通常在预测公司未来现金流或收益时，分析师不会将非经常性项目纳入考虑，但是这并不意味着利润表中所有非经常性项目都需要被舍弃。

管理层有给利润表中多种项目冠以"非经常性"之名的习惯，尤其是那些会降低报告期收益的项目。就分析者的目的而言，确认非经常性项目是否真的是"非经常性"这一点很重要，无论这些项目是什么标签。

（2）收益的持续性和对应计收入的考量。会计收益包含两个潜在成分：现金成分和应计成分。现金成分承载的信息既有价值又具可靠性；应计成分提供的信息有一定价值，但是可靠性受到了严重影响。应计成分不如现金成分来得可靠，故收益的应计成分在持续性上逊于现金成分。

（3）超越基准。如果一家公司报告的收益刚好达到基准或者是只超过基准一点点，那么其收益的质量值得怀疑。

5.4 盈余管理

盈余管理指的是公司有意运用会计技术来让自己的财报看上去更好。

学习目标

理解盈余管理的概念，评估收益的质量。

主要内容

要　点

- 盈余管理涉及财务报表的变更,这样做是为了诱导股东对公司的表现产生特定的印象,或者是为了干预有赖于会计报告的其他结果。
- 操纵收益会降低收益的质量,削弱财报的可信度。
- 分析师在评估收益质量的时候需要注意均值回归。虚高的收益是不可持续的,会随着时间回归正常水平。
- 收益的质量与公司收益的稳健性、可持续性有关——更稳健、更可持续的收益被认为质量更高。
- 高质量的收益比低质量的收益更能拉升公司的价值,并且人们一般认为收益的高质量与财报的高质量是等价的。
- 低质量收益不足以支付公司的资本成本,它源于非经常的一次性经济活动。另外,"低质量收益"这个词也常用于描述财报信息不足以使公司表现变得明晰的情况。

重点名词

- 非经常性(Non-Recurring):不会再一次出现,或者出现的频率可以被忽略。如果人们认为收入或者支出不会再次出现,那么它们是非经常性的。
- 收益质量(Earnings Quality):在会计中,收益的质量指的是报告的收益能预测未来收益的能力。
- 资产化(Capitalization):一种将成本分配到整个资产使用期间的会计方法,与此相对的处理方法是,在成本产生时全部计入当期费用。
- 巨额冲销/大盆操作(Big Bath Accounting):一种收益管理技术。通过记入一次性支出,降低利润和账面资产,以期减少未来的费用。对财务报告中的账面资产进行减值会降低当年的净收益。

1. 盈余管理

盈余管理是管理层在盈余决定过程中进行的有意干预。会计数字对于管理层来说是可斟酌的,因为权责发生制在很大程度上有赖于人为判断和估计。例如,通过提前或者延后收入的确认,公司可以操纵净收益。盈余管理会降低会计数据的质量。

典型的盈余管理方法可能包括如下几个方面:

第一,把坏消息视作非经常性,而将有利消息归于经营性一类。

第二,使收益曲线趋于平滑。一种方法是,在业绩优异的年份,推迟收入的确认,将它们作为未来的缓冲;另一种方法是,在收益的归类上,人为调节它们是属于经常性收益还是非经常性收益。

第三,在经营表现不佳的报告期,用"大盆操作"使损失变得更大,以期在来年显示出稳健的恢复态势。

第四,采取激进的会计做法。

第五,改变会计惯例或会计估计的方式,达到操纵、美化收益的目的。

分析师需要警惕,利润表中的元素本质上是经管理层斟酌得来的,他们可以通过这些方法来做盈余管理:操控项目发生的时间,以及将账项归类于常规或者是非常规。

盈余管理会降低收益的质量,影响分析者运用财务报告进行经济分析的能力。分析师需要明白,财务报告有些时候可能受制于盈余管理,在这种情况下,他们需要对此做一定的调整。

2. 评估收益

分析师评估收益质量,应该注意与公司收益有关的以下两个方面:

一个方面是均值回归。具体来说,就是极端水平的收益是不可持续的,往往会随时间回归正常水平,这种现象被称为均值回归。当竞争激烈的市场纠正了糟糕的表现时,均值回归就发生了。当资本被吸引到成功的项目上时,糟糕的项目被丢弃,增加了竞争,降低了回报。它们恰好与应计利润和现金流成反比关系。当收益主要由应计利润构成时,平均回归速度会更快。

另一个方面是关于公司收益的稳健性和可持续性,拥有这种特点的收益又被称为高质量收益。收益的应计成分一般不如现金成分稳健、持续。因此,解读公司的应计项目和递延项目是另一种评估收益质量的方法。

【示例】

依据以下信息,对下面两家同行业公司的收益质量进行解读和评价。

公司收益质量

单位:%

应计比率	2020 年	2019 年
A 公司	13.2	16.8
B 公司	11.3	9.5

应计比率是一种指标,用于衡量相对于现金流而言公司有多少基于应计基础的收益。其计算公式为:(净收益-自由现金流)÷总资产。应计比率的正值越大,意味着现金收益更少(相对于应计收益来说)。

如表所示,B 公司的收益质量更高,因为在 2019 年和 2020 年它的应计比率相较 A 公司更低。然而,A 公司的收益质量呈改善趋势,B 公司的收益质量呈恶化趋势。

分析师在财务会计分析中应该注意预警信号。预警信号一般是这样一些事项,它们提示分析师应对财务报告做更深入的研究,从而更好地理解公司的表现。

财务表现不佳的公司有极强的动机来采取激进的会计方法,分析师在评价此种公司的报表时需要格外谨慎。当报告的净收益与现金流之间出现显著差距,或者说收入中非现金项目的比例很高时,分析师需要对其原因做全面的分析。

报告的净收益与税前收益差距显著是税收会计政策激进的信号,后者可能在未来产生不利影响。突然而显著的账项跨期变化,还有如"大盆操作"等进行一次性大减值的操作,都需要分析师细致、深入地考察。

值得关注的信号包括保留意见审计报告、会计政策和披露方式的频繁变动和不寻常的附注。董事会人员变化以及频繁的管理层变动也值得关注。

5.5 现金流质量指标

现金流量表不受某些权责发生制相关问题的影响。

学习目标

描述评价现金流质量的指标。

主要内容

要　点
- 财报中的现金流如果被评价为高质量,则表明一家公司实际的经济表现是令人满意的。它还能够提高公司的价值,并且佐证公司整体信息披露的高质量(具体而言,公司计算、编纂的数据良好反映了实际经济状况)。
- 现金流被称为是"低质量"的原因:报告的数据如实反映了确实糟糕的经济表现,或者数据错误地陈述了真实的经济状况。
- 人们通常认为,经营现金流比营业收益或者净收益更加难以操纵。

重点名词
- 经营现金流(Operating Cash Flow,OCF):度量的内容是公司常规业务运营产生的现金。经营现金流这个指标可以分析一家公司是否有能力产生足够的正现金流来维持或壮大业务经营。若无法做到这一点,公司就需要外部融资来扩张资本。
- 企业生命周期(Corporate Life Cycle):公司在发展历程中经历的不同阶段,通常这里有五个阶段的划分:初创期、发展期、瓶颈期、成熟期、衰退期。
- 收益增长率(Earnings Growth):对投资者来说,"增长率"一般指公司收益的年化复合增长率。

　　无论是要评价公司的业绩,还是要评估公司或者其证券的价值,经营现金流(OCF)都是现金流中最重要的一部分。现金流被描述为"低质量",有两种可能原因:报告的数据如实反映了确实糟糕的经济表现(结果的低质量),或者报告的信息错误地描述了真实的经济状况(报表的低质量)。

　　从经济的角度来说,企业生命周期和行业特点都会影响现金流,这一点必须在评价现金流量表时加以考虑。例如,一家初创公司的经营现金流和投资现金流可能是负的,它的现金筹自借款或者是发行股票(如融资现金流)。然而,一家较成熟的企业通常拥有正的经营现金流,这些来自经营的现金被用于必要的投资或者回报资本提供者(如分红、股票回购、偿付债务,这些都属于融资现金流)。

　　一般说来,高质量的现金流拥有以下特点:
(1)经营现金流为正;
(2)经营现金流来自可持续的业务;
(3)经营现金流足以抵偿资本支出、分红和债务成本;

(4)经营现金流波动较小(相对于同业企业来说)。

公司报告的现金流应该是有决策意义的,它应该如实反映公司经济活动的实际状况。反面例子包括把某项投资现金流入当作融资现金流入,这会扭曲公司的实际经济状况。

5.6 资产负债表质量指标

有三种主要的投资质量指标可以用于评估公司资产负债表的情况。

学习目标

描述评估资产负债表质量的指标。

主要内容

要 点
- 衡量财务报表质量的标准包括报告的完备性、计量的公允性和披露的透明性。健康资产负债表的特征包括适宜的杠杆率、合理的流动性和具有经济效率的资产配置。
- 资产负债表的强健性可以通过比率分析或者同比财务报表进行评估。

重点名词
- 绝对价值(Absolute Value):也被称为内在价值,是一种用现金流折现来评估公司财务价值的估值方法。
- 购货合同(Purchase Contract):购货合同是一种将一方(卖家)的某商品(动产或不动产)之所有权转移给另一方(买家)的合同。
- 表外项目(Off Balance Sheet, OBS):指不在公司资产负债表上呈现的项目(资产或者负债)。即使它们没有写在资产负债表上,它们也依旧是资产和负债。
- 商誉(Goodwill):在一家公司收购另一家现存公司时产生的无形资产。商誉代表了不可被单独识别的资产。
- 减值(Impairment):一般被理解为固定资产可收回金额的急剧减损。资产减值通常发生在公司的经济或法律环境变化下,或者由不可预测的情况导致的意外损失出现的时候。

优秀的财务报告质量取决于完整性、无偏的衡量和清晰的表述。高财务报告标准(如健康的资产负债表)取决于充足的杠杆率、良好的流动性和经济上成功的资产配置。

资产负债表财务报告质量的一个基本标准是完整性。如果资产负债表中存在大量表外债务,则无法满足财务报告质量的完整性要求。对于分析师来说,大量的表外债务可能是一件令人担忧的事情,因为遗漏这些债务可能会误报公司的杠杆。资产负债表外(OBS)融资试图以借钱使负债及其相关利息费用远离公司的资产负债表和损益表。一个典型的例子是租赁。一般而言,承租人倾向于将租赁归类为经营租赁。他们不需要在资产负债表上确认贷款或资产,尽管他们获得了使用资产的所有好处。因此,经营租赁降低了承租人的杠杆率,提高了盈利率。

另一个判断财报质量的关键标准是计量的公允性。公允的计量在资产和负债的计价具有主观性时会显得尤为重要。具体来说有以下情形：

(1)缩小对存货的减值额可能会导致资产负债表资产和损益表利润的夸大。

(2)公司对其他公司的股权投资或者债务投资,最好根据可观察到的市场信息加以计量。若是没有公开市场信息,对某些投资的估值就会完全受制于管理层的估计。

清晰的列报对于资产负债表的财务报告质量也至关重要。尽管会计政策规定了资产负债表可报告的不同列示,但企业也有自己的酌处权。

5.7 获取关于风险的信息

公司的财务报表呈现了有价值的运营相关信息、财务信息,当然还有其他关于风险的信息。

学习目标

描述获得有关风险的信息的途径。

主要内容

要　点

- 管理层评注又被称为管理层讨论和分析,它为使用者提供了有关财务报表的补充信息,有助于评估公司的风险敞口和应对风险的方法。
- 在有关风险的信息方面,财经媒体是一个有效的来源。例如,财经媒体的记者可能发现过去财报中不为人所知的隐患。一旦隐患被识别出来,分析者就会开展调查。

重点名词

- 经营风险(Operating Risk)：与核心业务相关的不确定性
- 管理层评注(Management Commentary)：与按照 IFRS 编制的财务报表有关的叙述性报告。
- 披露声明(Disclosure Statement)：概述贷款或投资等金融交易的条款、条件、风险和规则的正式文件。

财务报表为发现经营风险和财务风险提供了有价值的线索。

1. 管理层评注

管理层评注(管理层讨论和分析,简称 MD&A)为用户提供了有助于评估公司风险敞口和利用风险策略的相关数据。评论允许财务报告的用户更好地了解公司的风险敞口、利用风险的方法以及风险管理的有效性。执业声明包括需要在评注中写入的几个方面：业务性质；目标和战略；资源、风险和关系；前景和结果；绩效指标。IFRS 规定,企业应仅列出主要风险,不需要对潜在风险和其他不确定性做说明。

2. 强制性披露

如果一家公司未能及时公开要求强制披露的信息,如财务报告和高级管理人员变动,那么这种情况可能是财务报告质量堪忧的预警信号。证券信息披露包括了一系列风险信息，如与公司证券相关的流动性风险、信用风险、市场风险以及这些风险的管理方法。

3. 财经媒体

在有关风险的信息方面，财经媒体是另一个有效的来源。例如，财经媒体的记者发现了不为人知的财报问题。一旦问题被发现，分析师就应该开展额外的调查。由成熟的财经新闻提供商披露的信息比来自不太成熟来源的信息更可信。类似地，与那些销售产品或服务的个人相比，财经记者报道的博客或期刊不太可能有偏见。

4. 审计意见

对于分析师来说，审计意见往往不是关于公司风险的第一手资料。在财务报表方面，无保留审计意见表明财务报表展现了公正的信息，符合会计准则；从内部控制角度来看，无保留审计意见表明一家公司对于财务报告实施了充分的内部控制。对财务报告的负面意见或者持续经营不确定性审计意见表明了内部控制薄弱，对分析师来说是明显的预警信号。然而，审计意见依赖于历史数据，并不会及时提供数据，因此成为有价值的风险来源。

参考文献/拓展阅读

［1］Robinson T, Henry E, Pirie W, etc(2015), *International Financial Statement Analysis* 3rd ed, Wiley, chaps. 11 and 17.

［2］Subramanyam K R(2014), *Financial Statement Analysis* 11th ed, McGraw Hill, pp. 106－131 & chap 11.

练习题

习题 1

一家希望虚增报告期收入的公司可能会选择（   ）。

A. 在货物还未交付给顾客的时候确认收入

B. 参与广泛的返利计划，涉及多个预算

C. 转向低成本产品战略

习题 2

管理层在管理账目时运用的典型手段包括（   ）。

A. 将有利记录归于经营性一类，而把坏消息视作非经常性

B. 使收益曲线趋于平滑，在业绩优异的年份推迟收入的确认，将它们作为未来的缓冲，通过将收益定性为经常性或者是超常也可以达到调节效果（增高或降低）

C. A 和 B 都是

习题 3

下列会计选择或者是会计事项会影响财务报表呈现的是（   ）。

A. 收入的确认　　　　　B. 关联交易　　　　　C. A 和 B 都是

习题 4

分析师必须警惕损益表项目的自由裁量性质，这些项目允许管理层通过以下方式管理

盈余的是( )。

A. 操纵会计项目的发生时间
B. 将账目归于常规、非常规或者超常
C. A 和 B 都是

习题 5

下列关于公司收益质量的陈述最不准确的是( )。

A. 非经常性活动产生的收益是不可持续的,而不可持续的收益是低质量收益中的一种
B. 基于决策有用性和收益质量,财务报表的质量可高可低
C. 收益及其决策有用性只是绩效本身的功能,而不是绩效的衡量

习题 6

下列关于盈余管理的陈述错误的是( )。

A. 人们认为更稳健、更可持续的收益是高质量的,因而管理层可能倾向于使收益曲线变得平滑
B. 当报告的净收益与现金流之间出现显著差距,或者说收入中非现金项目的比例很高的时候,分析师需要对其原因做细致的分析
C. 三种类型的比率分析,即盈利能力、流动性和偿付能力,直接衡量了收益的风险和现金流的不确定性,分析师可以完全依赖这些来评价公司的收益质量

参考答案

习题 1

答案:选项 A 是正确的。

如果一家公司想要偏向和夸大报告的收入,那么它可能会采取需要注意的特定收入确认政策。易货交易可能对正确估价具有挑战性。返利计划涉及许多估算,这可能会显著影响收入确认。在货物装运后立即确认收入,使过早确认收入变得更为容易。

习题 2

答案:选项 C 是正确的。

习题 3

答案:选项 C 是正确的。

习题 4

答案:选项 C 是正确的。

习题 5

答案:选项 C 是正确的。

收益及其背后的决策内涵,是绩效本身的作用,同时也是对绩效的衡量。

习题 6

答案:选项 C 是正确的。

盈利能力、流动性和偿付能力隐含着公司是否可能继续运营的问题。然而,这些比率并不直接衡量收益和现金流的风险或不确定性,导致影响公司的生存。

第 6 章 财务报表分析的应用

6.1 评估信用质量

信用分析是对信用风险的评估。信用分析可以涉及债务人在特定交易中的信用风险和债务人的整体信誉。

学习目标

描述财务报表分析在评估潜在债务投资的信用质量中的作用。

主要内容

要 点

- 对公司过去业绩进行评估,包括原因和业绩背后的原因及其如何影响公司的战略。
- 信用风险是指交易对手或债务人未能支付到期款项而造成损失的风险。
- 信用分析是信用风险的评估。信用分析可能涉及债务人在特定交易中的信用风险和债务人的整体信誉。
- 信用风险通常包括对公司逐期现金流的估计。回报措施与经营现金流有关,因为它象征着内生的现金,使其能够偿还债权人。
- 信用分析评估中与信用相关的因素包括杠杆容忍度、经营稳定性和利润率稳定性。

重点名词

- 规模(Scale):公司对不利事件、经济地位和其他因素的敏感性,如市场领导地位、与供应商的购买力,以及进入资本市场的可能性——可能会影响偿债能力。
- 评级因素(Rating Factors):考虑个人信用评分的因素包括付款历史、欠款金额、信用历史长度、新信用和信用类型。其中一些因素比其他因素更重要。
- 信誉度(Creditworthiness):个人或公司被认为适合获得金融信用的程度,通常基于他们过去还款的履约情况。

信用风险是由于交易对手无力履行其义务而产生的。信用分析是对信用风险的评估。它强调现金流和偿债能力,而不是应计收益回报。

Moody 评级主要集中在四个方面:

第一,公司概况——规模化和多元化。公司的概况显示了其他可以降低风险的属性,是市场领导地位、经营灵活性、购买力等的良好指标。这一因素与公司对不利事件或经济状况以及其他影响其偿债能力的因素（如进入资本市场）的敏感性有关。

第二，金融政策——对杠杆的容忍度。负债的现金流服务可用性被认为是最基本的信用水平衡量方式，为此使用了各种偿付能力比率。

第三，操作效率。这一元素类似于经营杠杆。它与公司的成本结构有关。因为它们可以产生更高的现金流水平，一家经营杠杆低（即优越的利润率）的公司可以接受更大的债务负担。由于债务负担可以重组，在财务压力/困境或被迫重组的情况下，成本较低的公司比成本较高的公司拥有更好的前景。

第四，利润稳定性。利润稳定性是指公司在过去一段时间内利润的波动程度。波动率较低的保证金意味着与经济状况相对应的风险较低。较高的保证金，其稳定性与较低的信用风险相关。

6.2 潜在股权投资的筛选

根据市场信息和财务报表信息收集的比率经常被用来筛选可能的股权投资。

学习目标

详细说明财务报表分析在筛选潜在股权投资中的应用。

主要内容

要　点

- 无论投资者是自上而下的分析还是自下而上的分析，都可以采用纳入财务比率的证券选择方法。
- 分析师偶尔需要修改公司的财务报表（如区分使用替代会计方法或假设的公司）。变更包括与投资有关的变更、库存、财产、厂房、设备和商誉。
- 分析师希望评估带有特定筛选的投资组合之前的表现。为此，分析师可以使用一种称为"回测"的程序。

重点名词

- 筛选（Screening）：利用一套规则将可能的投资最小化到具有几个可取特点的更小群体。
- 成长型投资（Growth Investing）：是一种股票购买方法，主要关注预期增长率高于行业或市场平均水平的公司。
- 价值导向（Value Orientated）：与价值投资相关的是一种投资计划，它需要选择那些似乎低于其内在或账面价值的股票。
- 以市场为导向（Market Orientated）：以市场为导向的投资者投入时间研究给定市场的当前趋势。
- 回测（Back Testing）：是将交易策略或分析方法应用于历史数据的过程，以查看该策略或方法预测实际结果的准确性。

通过区分符合特定标准的组织，财务比率被不断地用来筛选可能的股权投资。该方法可以支持创建投资组合或构建对潜在投资目标的更深入分析。

无论投资者采用的是自上而下的分析还是自下而上的分析，选择纳入财务比率的证券分析方法都是适用的。采用自下而上的分析的经理人会逐个搜索公司股票。他们是典型的"选股者"，不在乎股票是航空公司还是制药公司。一旦有股票符合他们的标准，他们就会接受。这种方法与自上而下的管理方法相反。这些经理人对经济有宏观的看法。自上而下的分析包括寻找有吸引力的地理区域和行业区域，投资者会从中选择最具吸引力的投资。

投资组合经理会克制自己的观念，利用财务报表数据和市场数据的比率来筛选可能值得投资的股票。为了建立最合适的会计比率，他们进行了各种研究以筛选值得投资的股票。

回测是一种对前一阶段的交易方法进行试验的过程。回溯测试可以帮助评估一个基于筛选的投资组合以前的表现。它利用投资组合选择原则来获取先前的信息，并计算如果采用特定的方法所获得的收益是多少。尽管如此，但由于各种因素，回测可能无法提供对未来表现的可靠估计。具体包括以下几种原因：

（1）生存偏差。当回溯测试数据库删除了"死亡"公司时，剩下的公司总体上看起来会取得更好的结果。

（2）前瞻性偏差。如果重复的财务信息在数据库中重复，投资者在投资时所知道的信息和回测时所使用的数据之间就会产生冲突。

（3）当模型基于之前的发现组装并用于测试时，就会出现数据窥探偏差。

参考文献/拓展阅读

Robinson T，Henry E，Pirie W，etc（2015），*International Financial Statement Analysis 3rd ed*，Wiley，chap 12.

练习题

习题 1

关于信用分析，下列最不准确的是（　　）。

A. 信用分析是对信用风险的评价，信用风险是指交易对手或债务人未能履行承诺付款而造成损失的风险

B. 在评估债务人的整体信誉时，一个常用的方法是信用评分，即对信用违约的决定因素的统计分析

C. 信用分析通常关注应计收入而不是现金流

习题 2

下列可能包括在公司的信用评分中的是（　　）。

A. 规模：公司对不良事件、不利经济条件等因素的敏感性

B. 业务概况：公司的竞争地位、收入的稳定性、产品和地域的多样性、增长前景、现金流的稳定性和波动性

C. 财务政策：公司财务风险承受能力和资本结构

习题 3

在公司的信用评分中,下列选项的权重最有可能高于其他评级因素的是(　　)。

A. 规模子因素:总收入和营业利润

B. 业务概况的子因素:竞争地位和预期收入的稳定性

C. 杠杆率和覆盖范围的子因素:债务/EBITDA、留存现金流/净债务和 EBIT/利息

习题 4

信用分析师根据一定的子因素来评估同一行业中两家公司的效率和杠杆率。分析人员计算了以下比率:

比率	A 公司	B 公司
负债/EBITDA	10	4
留存现金流/净负债	3%	9%
EBIT/利息	5	8

如果我们仅仅根据上面给出的信息,那么更有可能得到一个更高的评级的公司是(　　)。

A. A 公司更有可能有较高的评级

B. B 公司更有可能有较高的评级

C. A 公司和 B 公司的评级相同

习题 5

信用分析师在评级时,可能会考虑的建议是(　　)。

A. 商业风险　　　　B. 财务风险　　　　C. 商业风险和财务风险

习题 6

以下筛选潜在股权投资错误的是(　　)。

A. 自上而下的分析包括识别有吸引力的地理区域和行业区域,投资者从中选择最具吸引力的投资

B. 这类分析的基础是决定使用哪些参数作为筛选,包含参数数量(以这些参数的值作为分界点),以及给予每个参数的权重

C. 在筛选过程中只使用财务比率

习题 7

一个基于以下标准的简单股票筛选假设:

股票会议标准:
①市值>100 000 000
②P/E<20
③总负债/总资产<0.8
④ROA>0

下列关于选股标准的陈述错误的是(　　)。

A. 第二条标准选择了估值相对较低的股票
B. 第三条准则对财务杠杆进行了限制,以控制财务风险
C. 所有标准完全相互独立,即一只股票不可能既通过了一项测试又通过另一项测试

习题 8

在筛选值得投资的潜在股票时,分析师们需要注意的是( )。

A. 如果没有仔细指定标准,则可以进行非故意的选择
B. 比率分析的输入来自财务报表,公司所适用的财务标准可能有所不同
C. A 和 B

参考答案

问题 1

答案:选项 C 是正确的。

信用分析关注的是偿还能力对不良事件和糟糕的经济条件的敏感程度。由于还款通常是现金,信用分析的重点是现金流,而不是应计收入,因此信用分析与企业的经营现金流有关,经营现金流是企业内部为偿还债权人而产生的现金。

问题 2

答案:选项 C 是正确的。

问题 3

答案:选项 C 是正确的。

与收益和现金流相关的债务水平是评估信誉的一个关键因素。对一个公司来说,债务水平越高,通常就越有可能支付其债务的利息和本金。

问题 4

答案:选项 B 是正确的。

杠杆率和覆盖率均有利于 B 公司,仅基于这些因素,B 公司更有可能拥有较高的评级。

问题 5

答案:选项 C 是正确的。

信用分析师在做出评级建议时,既要考虑商业风险,也要考虑财务风险。

问题 6

答案:选项 C 是正确的。

筛选指标可能包括财务比率和一些特征,例如在特定指数中作为成分证券的市值或成员资格。

问题 7

答案:选项 C 是正确的。

标准往往不是独立的。

问题 8

答案:选项 C 是正确的。

第三部分

财务管理

第 7 章 货币的时间价值

7.1 货币的时间价值概念

货币的时间价值概念是证券和债券估价的基础。金融证券和投资项目产生的现金流出现在未来的不同时间点。然而,不同时间点收到的相同美元在今天的价值并不相同。利用货币的时间价值,我们可以将未来收到的现金流调整为今天的等值额,以便进行比较。

学习目标

定义货币的时间价值(TVM)并理解它在金融中的用途。

主要内容

要 点

- 货币的时间价值概念是基于这样一个概念,即今天收到的一美元比将来收到的同一美元更值钱。
- 利用货币的时间价值,我们可以比较不同时期收到的现金流在今天的等值。
- 投资者希望所进行的投资能在未来获得现金流,按货币的时间价值调整后的未来现金流量之和是否超过投资成本决定了投资者是否认为投资有价值。
- 货币的时间价值解释了为什么我们需要利息,它是由于资金的使用而对贷款人进行的补偿。

重点名词

- 现值(Present Value,PV):未来收到的资金之和折现到现在时刻的价值。
- 利率(Interest Rate):贷款人向借款人收取的一年的资金使用费用。
- 终值(Future Value,FV):今天的一笔资金基于假设的特定利率或回报率能增长到的终值。

在日常生活中,个体必须做出花多少钱以及为将来存多少钱的个人财务决策。个人也可能为了某个目标储蓄,如存足够的钱来支付买房的首付或者为退休而储蓄。无论哪种情况,个人也许都不只是把钱存入储蓄存款,如果他们是为了退休而储蓄,他们就会考虑把钱投资在股票和债券上。他们需要了解哪种选择在风险和回报方面适合他们的需求。

由于大多数人没有现金直接购买车或住房等高价商品,因而他们需要借钱。在这种情况下,个人需要知道哪些贷款提供了最好的价值。

无论是投资我们的储蓄还是贷款,货币的时间价值概念都将帮助我们评估各种选择。

货币的时间价值概念也被用于评估股票和债券等金融证券的价值,以及制定资本预算决策或大额资金投资决策。

货币的时间价值使我们能够及时比较不同时间点收到的现金流。原因是在不同时间点的同样美元在今天的价值并不相同。因此,我们必须对这些现金流进行调整来找到它们今天的等值。掌握货币的时间价值概念和技术是投资分析必不可少的。

本章讨论了寻找不同类型现金流的时间价值方法。这种现金流可以是单个现金流,也可以是多个现金流。具有确定模式的多重现金流有年金、增长型年金、永续年金和增长型永续年金。

7.2 利 率

7.2.1 利率的释义

利率是贷款人因资金的使用而收取的费用占资金的百分比,以年度为基准报价。

学习目标

理解利率的概念。

主要内容

要 点
- 利率是除贷款本金外,额外支付金额占本金的百分比。
- 一笔资金一年后增长到的数额与原来数额之间的差额就是利息。利率是差额除以原始资金。
- 通常引用的利率如名义利率或票面利率都是年利率。短于一年的利率等于规定的年利率除以每年的复利期数。

重点名词
- 机会成本(Opportunity Cost):一项投资的机会成本是投资者选择一项投资,而非选择次优投资选项所放弃的价值。
- 实际回报(Real Return):实际利率是从名义利率中剔除通货膨胀后的利率。实际回报用于衡量投资价值的实际增长。
- 名义利率(Nominal Interest Rate):名义利率是指通货膨胀影响消除前的规定利率或公布利率。它也可以指在计入任何费用或利息复利之前对贷款收取的利率。

我们用下面的例子来说明货币时间价值概念。假设一家银行向你提供以下投资:今天存入 1 000 美元,一年内支付 1 040 美元。这个计划给了你一年 40 美元的回报。我们认为你赚的利息是 40 美元/1 000 美元,百分比计为 4%。

对于利率也可以有不同的看法。如果我们用 1 040 美元除以 (1+r),其中"r"是利率,我们就可以得到 1 000 美元,即支付利息前的原始金额。除以 (1+r) 称为贴现,"r"是贴现率。利率和贴现率经常交换使用。

另一种看待利率的方法是将其视为机会成本。如果我们今天花掉这 1 000 美元,我们就放弃了在银行存款多赚 40 美元的机会,40 美元是今天消费而不是投资的机会成本。

7.2.2 利率决定因素

利率是对人们放弃流动性偏好的报酬。

学习目标

理解并解释利率的各个组成部分。

主要内容

要　点
- 在确定债券投资利率时,所有利率成分都很重要。
- 赚取的利息是为放弃流动性或承担风险提供的补偿。

重点名词
- 流动性(Liquidity):资产或证券转换成现金的难易程度。现金数额应等于或接近其公允市场价值。
- 到期日(Maturity):贷款或证券的到期日是本金必须全额偿还的日期。
- 无风险利率(Risk-Free Rate):无风险回报率是证券的确定回报率。国库券提供的是无风险回报,投资者确信由政府发行的国库券的本金或面值将在到期时全额偿还。国库券的利息是隐含的,因为国库券是按面值折价出售的。

利率是由市场供求力量决定的:资金过剩的个人或实体提供资金,需要资金的个人或实体形成资金需求。利率可以被认为是一种价格,是资金的价格,即:资金的供给等于资金的需求。利率"r"由实际无风险利率加上溢价组成,溢价是承担各种风险所需的回报或补偿。

$$\text{利率} = \text{实际无风险利率} + \text{通货膨胀溢价} + \text{违约风险溢价} \\ + \text{流动性溢价} + \text{到期风险溢价} \quad (7.1)$$

实际无风险利率指完全无风险证券的一年期利率。也就是说,没有违约风险或拒付风险,也没有通货膨胀风险。实际回报率实质上是对今天推迟消费或使用资金的人的补偿。

通货膨胀溢价是对通货膨胀造成的购买力损失的补偿。投资者很清楚,相同美元不同时间可能购买到不同数量的相同商品,且现在能购买到的数量通常比过去少。这一观察显示了通货膨胀或购买力下降的影响。通胀溢价是基于市场对未来通胀水平的预期。通常情况下,无违约债券(如政府债券)的名义回报是实际无风险利率加上通货膨胀溢价。

违约风险溢价是指出于担保,向投资者补偿借款人到期不履约支付的可能损失。对于债券来说,付款是指定期息票利息和本金的到期偿还。

流动性溢价补偿指投资者快速出售投资项目以获得因现金而产生的损失。一项投资的流动性越高,其以接近公允价值的价格转换为现金的速度就越快。例如,有些投资流动性很强,因为市场上有许多买家和卖家。然而,相对较小公司的债券流动性要低得多。由于债券市场规模较小,任何超过少量的出售都会对价格产生负面影响。

到期风险溢价是由于利率变化时长期债券的价格变化比短期债券更大而对投资者做出的补偿。

7.3 单一现金流的终值和现值

7.3.1 定义和计算

一笔款项的终值(FV)等于其现值(PV)加上投资它所赚取的利息。

学习目标

计算并解释单一现金流的 FV 和 PV。

主要内容

要　点
- 对于单利,利息金额在整个投资期间保持不变,而当使用复利时,利息金额呈指数增长。
- 以复利为基础的投资既要支付本金的利息,又要支付累积利息。利息包括以前期间赚取的金额。
- 市场惯例是按复利支付利息。

主要术语
- 复利(Compound Interest):复利是支付本金的利息和以前期间累积利息的利息。
- 贴现(Compound Interest):贴现是确定未来将要收到的一笔或一系列付款的现值的过程。
- 累积(Accrue):累积意味着随时间的推移而增加。

当你把钱存入银行时,你期望能得到利息。假设你存 100 美元,银行每年付 5% 的利息。一年结束时,金额将增至 105 美元,包括 5 美元利息和原来的 100 美元存款。如果你把钱在银行再存一年,银行存款将增至 110.25 美元,即新本金为 105 美元加上利息 5.25 美元(105×0.05)。

复利是指存款增长的过程。存款可获得复利,而不是每年按原始存款本金支付利息的单利。相比之下,在复利中,本金随着时间增长,每年赚取的利息加在本金上。因此,存款不仅赚取原本金的利息,而且还赚取累积利息,即赚取利息产生的利息。

我们将今天的存款/投资称为现值(PV_0)。它在未来累积的金额称为时刻"t"的终值(FV_t)。如果每期利率为"r",而存款投资"t"期,则得出以下关系:

$$FV_t = PV_0(1+r)^t \tag{7.2}$$

上述等式使我们能够比较不同时间点的现金流。我们可以找到一个时间点发生的现金流在另一个时间点的等值。因此,如果一个人要求每年5%的回报率,那么他就不会在乎今天能拿到100美元,或者两年能拿到110.25美元。

下面是一个应用此方法的例子。假设你可以选择今天100美元,明年106美元,两年后110美元,利率是5%,则你会选择哪一种?

为了回答这个问题,我们使用时间轴来帮助描绘现金流的时间点。

图7.1展示了现金流发生的时间点。我们通常将今天作为$t=0$时刻,从今天起一年后作为$t=1$时刻,依此类推。

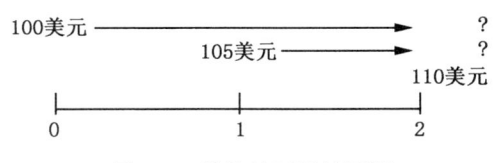

图7.1 终值的时间轴图解

我们通过找到这三种现金流在两年后的等价金额来回答这个问题。$t=0$时刻的100美元将在一年后价值110.25美元,$t=1$时刻的106美元将增长到111.3美元,$t=2$时刻是3个金额中最高的。

【示例1】

约翰想知道他今天投资了1万美元,这笔钱的终值是否足以支付他女儿15年后5万美元的大学学费。这项投资每年可获得12%的回报。求单个现金流的终值。

答案:

已知$PV=10\,000$美元,$t=15$年,$r=12\%$,终值根据$FV_T=PV(1+r)^t$得出:

$$FV_{15}=10\,000(1+0.12)^{15}=54\,735.66(美元)$$

求将来收到的一笔款项的现值就是求终值的相反过程。求现值的过程叫做贴现。

为了求现值,我们需要找到终值系数的倒数。回想一下,终值系数是$(1+r)^t$,现值系数则为$1/(1+r)^t$。将未来金额乘以现值系数,我们就得到了未来金额的现值。

根据$FV_t=PV(1+r)^t$,得出$PV=FV_t\left[\dfrac{1}{(1+r)^t}\right]=FV_t(1+r)^{-t}$。

【示例2】

假设你30年后退休时将得到一笔100万美元的奖金。如果贴现率是6%,则退休金额的现值是多少?求单个现金流的现值。

答案:

已知$FV_T=1\,000\,000$美元,$r=6\%$,$t=30$,现值根据$PV=FV_t(1+r)^{-t}$得出:

$$PV=1\,000\,000(1+0.06)^{-6}=174\,110.13(美元)$$

7.3.2 复利频率

复利频率是指假定在给定年份内支付规定利率的次数。

学习目标

计算并解释给定复合频次下的 FV 和 PV。

主要内容

要　点

- 利息支付的频率(复利计息频率)造成了累积金额和赚取的利息总额之间的本质区别。
- 当复利频率(m)增加时,累积量趋于极限。
- 频率可以是每年、每半年、每季度、每月、每周、每天或连续(或者在到期之前根本不计)。

重点名词

- 连续复利(Continuous Compounding):假设利息是复利的,则每年要向余额中增加无限次利息。
- 季度(Quarter):连续三个月(一年的四分之一)。

如果利息一年支付一次以上,则投资会变得怎么样?每年付息一次的惯例出现在我们所知的计算机问世之前,约是 100 年前,是用加法器计算利息。因此,可以理解由于巨大的计算任务,银行不会频繁地支付利息。

如今,许多银行每天付息。有些可能按月支付。不管是哪种情况,由于所有银行以年度利息报价,客户的实际收益很难衡量。

当利息一年支付一次以上时,实际利率将高于报价利率。假设所报利息为每年 4%。如果银行按季度支付利息,则一年后累计的金额为 $(1+\frac{r}{2})^2 = (1+\frac{0.04}{2})^2 = 1.0404$。计算得出有效利率为 4.04%,高于报价。

如果每年有多个复利期,则终值公式为:

$$FV_t = PV(1+\frac{r}{m})^{mt} \tag{7.3}$$

式中,r 是年利率报价,m 是每年的复利期数,t 是年数。每一时期的利率是用报价利率除以复利次数 m 得出的,周期利率为 $\frac{r}{m}$。复利期数等于 mt。

1. 每年复利一次以上的终值

假设你的银行基于你的储蓄存款(1 000 美元),每月支付你年度利率为 6% 的复利,则两年后你的储蓄存款余额是多少?

已知 $PV = 1\,000$ 美元,$r = 6\%$,$t = 2$,终值由以下公式得出:

$$\begin{aligned} FV_t &= PV(1+\frac{r}{m})^{mt} \\ &= 1\,000(1+0.06112)^{24} \\ &= 1\,127.16 \end{aligned}$$

两年期结束时,余额为1 127.16美元。如果一年只付一次利息,则余额将为1 123.60美元。每月复利多赚了3.56美元的利息。

2. 连续复利

如果复利是连续进行的,即每年复利周期的次数是无限的,则会发生什么?在这种情况下,我们可以使用下式得出终值:

$$FV_t = PVe^{rt} \tag{7.4}$$

式中,e是超越数,约等于2.718 28。

假设在我们前面的1 000美元储蓄存款例子中,年利率为6%,利息连续复利,则余额会是多少?

已知$PV=1\,000$,$r=0.06$,$t=2$,根据终值公式$FV_t=PVe^{rt}$得出:

$$FV_t = 1\,000e^{0.005 \times 24} = 1\,127.50(美元)$$

在连续复利的情况下,1 000美元的储蓄在2年内增长到1 127.50美元,而在每月复利的情况下为1 127.16美元。

7.3.3 有效年利率

有效年利率(Effective Annual Percentage Rate,EAR)是考虑给定期间复利发生次数的利率。

学习目标

计算并解释有效年利率。

主要内容

要 点

- 当利率复合超过一年一次时,有效利率(EAR)将高于名义利率或票面利率。
- 复利越频繁,EAR就越大。
- 实际利率通常用于比较不同复利期的投资。

重点名词

- 年利率(Annual Percentage Rate,APR):一年的票面利率,也被称为名义利率。
- 有效年利率(Effective Annual Rate,EAR):这是根据一年中的复利期数调整的APR。复利期数越多,有效年利率越高。
- 复利期(Compounding Periods):两个利息支付点之间的时间长度。
- 名义利率(Nominal Interest Rate):名义利率或票面利率是假设每年支付一次利息的利率。

贷款人所报的利率称为名义利率或票面利率,也被称为年度百分比利率(APR),每年支付利息。然而,借款人最终支付的是有效年利率(EAR)。

EAR考虑了利息的计算方式。如果利息每年复利超过一次,则EAR将高于APR。EAR计算公式如下:

$$有效年利率(EAR) = (1+每期利率)^m - 1 \qquad (7.5)$$

我们以储蓄存款为例,如果年利率为6%,按月付息,那么月利率为0.5%(6%÷12),复利期数为12个。根据EAR计算公式得出:

$$EAR = (1.005)^{12} - 1 = 6.17\%$$

7.4 一系列现金流量的终值和现值

7.4.1 定义和计算

正如我们可以计算单个现金流的终值和现值那样,我们也可以计算多重现金流的终值和现值。

学习目标

分类计算多重现金流的终值和现值。

主要内容

要 点
- 年金由定期发生的等额现金流组成。
- 多个现金流的现值是通过将每个现金流贴现到一个特定的时间点(通常是当前时间)并将所有现金流的现值相加而得到的。
- 如果多个现金流的金额相同,则现金流组成年金。PV可以使用年金的现值系数来计算。

重点名词
- 年金(Annuity):固定的时期内有规律且等额的一系列现金流。
- 永续年金(Perpetuity):无限期的等额固定现金流。
- 贴现(Discounting):贴现是确定未来将要收到的付款或付款流的现值的过程。

本节将讨论不同类型的多重现金流,以及如何找到它们的现值和终值。

第一组现金流由不同的现金流组成,其共同特征是现金流规模相同,且以固定的时间间隔出现。这一系列包括年金和永续年金。

(1)年金。它是一系列等额现金流,以固定的时间间隔出现,例如一年。年金可分为普通年金和即付年金。

(2)永续年金。它与年金相似,是指一系列等额现金流以固定的时间间隔出现,只是现金流无限期持续。

第二组现金流由不定期发生的不同规模的现金流组成。

7.4.2 普通年金

普通年金由一系列以固定间隔出现的等额现金流组成。第一期现金流发生在第一个期间结束时。

📚 学习目标

区分和计算普通年金的 FV 和 PV。

📚 主要内容

要　点

- 年金通常用于支付计划。它们在支付金额和时点的可预测性有助于借款人规划其财务状况。
- 年金的一个例子是住房贷款,借款人每月定期付款。

重点名词

- 普通年金(Ordinary Annuity):由定期的固定现金流组成,第一个现金流发生在第一个期间结束时。

有限系列的定期等额现金流就是年金。例如,一组为期 4 年,每年 100 美元的现金流就是年金。年金有两种类型。普通年金中的第一个现金流出现在第一期期末,而即付年金的第一笔现金流出现在第一期期初。

年金存在于许多金融产品中。许多贷款由一个时期内分布的相同数额的贷款还款组成。

1. 普通年金的终值

普通年金的终值由以下公式得到:C 是现金流,t 是期数,r 是每期的利率。

$$FV_t = C\left[\frac{(1+r)^t - 1}{r}\right] \tag{7.6}$$

括号中的公式是终值年金系数。将每个期间的现金流乘以终值年金系数可以得到普通年金的终值。

另一种计算年金终值的方法是先计算年金的现值。将年金的现值作为一个单一的总和,在 t 个周期内进行复合,得到年金的终值。

假设你连续 20 年每年在退休账户上投资 3 万美元,可获得 10% 的回报,那么 20 年后你会积累多少钱? 我们可以利用终值年金系数来解决这个问题。

已知 $C=30\,000$ 美元,$r=10\%$,$t=20$,普通年金的终值计算如下:

$$FV_t = 30\,000\left[\frac{(1+0.1)^{20} - 1}{0.1}\right] = 1\,718\,249.98(美元)$$

2. 普通年金的现值

普通年金的现值可以通过以下公式计算:

$$PV = C\left[\frac{1 - \frac{1}{(1+r)^t}}{r}\right] \tag{7.7}$$

式中,$C=$年金金额,$r=$每期利率,$t=$年金现金流的数量。

普通年金的现值可以通过年金现金流乘以现值年金系数(括号中的式子)得到。寻找普通年金现值的其他方法包括使用财务计算器或电子表格的年金函数。

你的理财顾问提出一种理财产品,10年内需每年支付5 000美元,一年后为第一次支付。基于产品的风险,财务顾问认为必要收益率为10%。你愿意为这个产品付多少钱?

为了计算金融产品的价值,我们使用一个普通年金公式的现值。

已知$A=5\ 000$美元,$r=10\%$,$t=10$,普通年金的现值计算如下:

$$PV=5\ 000\left[\frac{1-\frac{1}{(1+0.1)^{10}}}{0.1}\right]=30\ 722.84(美元)$$

按10%的必要收益率计算,该理财产品价值为30 722.84美元。

7.4.3 即付年金

即付年金是指第一笔现金流出现在第一期期初的年金。

学习目标

区分和计算即付年金的货币时间价值。

主要内容

要　点

- 即付年金和普通年金的区别在于现金流产生的时点。即付年金的现金流出现在期初,而普通年金的现金流出现在期末。
- 由于即付年金比普通年金的现金流出现早一个周期,因此即付年金的每一个现金流都会多获得一个周期的利息。所以,即付年金的价值是普通年金价值的$(1+r)$倍。
- 即付年金的一个例子是租赁或财产出租,付款是在每个时期的开始,通常是在月初。

普通年金和即付年金的现金流如图7.2、图7.3所示。注意我们可以通过将每个即付年金的现金流向前移动一个期间,将即付年金的现金流与普通年金现金流对齐。假设我们要比较这两种年金的价值。在这种情况下,即付年金的现金流比普通年金的现金流早一个时期,意味着即付年金的每个现金流将比普通年金相应的现金流多赚取一个时期的利息。因此,即付年金的价值是普通年金的$(1+r)$倍。关系如下:

$$即付年金\ PV=普通年金\ PV\times(1+r)$$
$$即付年金\ FV=普通年金\ FV\times(1+r)$$

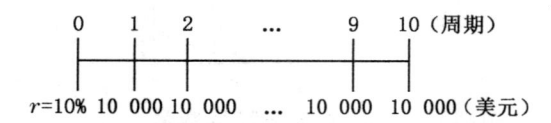

图7.2　普通年金的时间轴图解

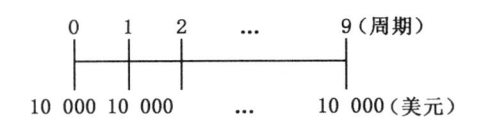

```
 0    1    2   ...    9（周期）
 ├────┼────┼────────┼
10 000 10 000  ...  10 000（美元）
```

图 7.3 即付年金的时间轴图解

7.4.4 永续年金

永续年金是一种持续不断的等额现金流。

学习目标

计算永续年金的现值。

主要内容

要　点

- 永续年金与年金相似，只是它的现金流无限期持续。
- 永续年金的一个例子是优先股，它和普通股一样没有到期日。优先股支付固定股利，股利流是永久性的。
- 在对一家公司进行估值时，永续收益用于计算该公司预计现金流以较低的稳定增长率增长的时间点的现值。所获得的价值被称为公司的终值。

重点名词

- 期末价值(Terminal Value, TV)：期末价值是指企业或项目由于预测期之外现金流而产生的价值。
- 股利(Dividend)：从公司利润中分给股东的部分。
- 优先股(Preferred Stock)：优先股与普通股相似，只是它们像债券一样用于支付固定股利。

永续年金与普通年金非常相似，只要现金流序列不结束，它将无限期地继续下去。永续年金的一个例子是永续债券。这种债券没有到期日，意味着投资者只能从债券中获得利息。永续年金的时间线如图 7.4 所示。

永续年金现值公式为：

$$PV_0 = \frac{C}{r} \tag{7.8}$$

式中，C 是每个时期的现金流，r 是每个时期的回报率。

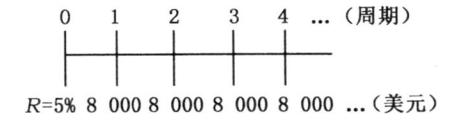

```
            0    1    2    3    4  ...（周期）
            ├────┼────┼────┼────┼
R=5%     8 000 8 000 8 000 8 000 ...（美元）
```

图 7.4 永续年金的时间轴图解

根据图 7.4,永续年金的现值 $PV_0 = \dfrac{C}{r} = \dfrac{8}{0.05} = 160$(美元)。

假设你得到以下投资,十年内每年支付 X 美元,贴现率为 10%,一年后开始每年获得 1 000 美元直到永远,请计算 X 的值。

首先,我们绘制以下时间线来指引我们进行计算:

```
0    1    2   ...   10   11  ...
|----|----|---...---|----|---
r=10% -X  -X  ...   -X  1 000 ...   (永续年金从t=11开始)
```

每年 1 000 美元永续年金在 $t=10$ 时刻的现值 $PV = \dfrac{C}{r} = \dfrac{1\,000}{0.1} = 10\,000$(美元)。

永续年金在 $t=0$ 时刻的现值 $PV = \dfrac{10\,000}{(1+0.1)^{10}} = 3\,855.43$(美元)。

我们将 3 855.43 美元作为 10 年年金在 $t=0$ 时刻的现值 PV,并使用年金公式计算 X 美元的年支付额。

计算过程如下:

$$PV = C \left[\dfrac{1 - \dfrac{1}{(1+r)^t}}{r} \right]$$

$$3\,855.43 = X \left[\dfrac{1 - \dfrac{1}{(1+0.1)^{10}}}{0.1} \right]$$

$$X = 627.45 \text{(美元)}$$

7.4.5 增长型永续年金

增长型永续年金是一个以固定速度增长的无限期的周期性现金流。

学习目标

计算一个增长型永续年金的 PV。

主要内容

要　点

- 如果增长率低于贴现率,则可通过将第一期期末的现金流除以折现率和增长率之间的差值来计算增长型永续年金的现值。
- 当增长率高于贴现率时,增长型永续年金的价值是无限的。

重点名词

- 增长率(Growth Rate):现金流的增长率。

增长型永续年金是一组以恒定速度增长的现金流,现金流在未来永远持续。图 7.5 显示了增长型永续年金的时间轴。

```
0        1         2            3
         |         |            |
        100    100(1+g)    100(1+g)²
```

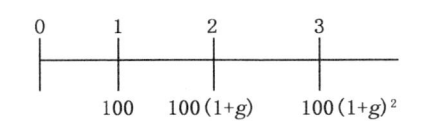

图 7.5　增长型永续年金的时间轴图解

增长型永续年金计算公式：

$$PV_0 = \frac{C}{r-g} \tag{7.9}$$

我们将使用永续增长法对股利以恒定速度增长的公司股票进行估值。

【示例 3】

李先生投资了明星公司的股票。第一期结束时，他收到了 5 000 美元。预计股利将永远以每年 5% 的速度增长。如果明星公司股票的必要收益率是 12%，那么李先生对明星公司的投资值多少钱？

答案：

$$PV_0 = \frac{C}{r-g} = \frac{5\,000}{12-5} = 71\,429 (美元)$$

李先生的股票总价值约 71 429 美元。

7.4.6　不等额现金流系列

等额现金流系列分为年金或者永续年金。任何其他模式都可以归类为一系列不等额的现金流。

学习目标

计算并解释一系列不等额现金流的 FV 和 PV。

主要内容

要　点

- 一系列不等额的现金流可能有嵌入年金、永续年金抑或两者皆有。
- 没有计算一系列不等额现金流的现值或终值的公式。
- 求一系列不等额现金流的现值或终值的方法是将单个现金流的现值或终值相加。
- 如果存在嵌入式年金，则其 PV 或 FV 可以代替构成年金的个别现金流的 PV 或 FV。同样，永续年金的 PV 可以用来代替构成永续年金的个别现金流。
- 一系列不等额现金流的例子包括普通股股利流或者浮动利率债券的息票支付流。

当一系列现金流不是年金或者永续年金的时候，它被称为非等额现金流。然而，在可变的现金流里可以嵌入一个年金或永续年金，或同时嵌入两者。

现金流系列是由不均匀的现金流组成的，因此没有单一的公式来计算其现值或终值。转而通过对单个现金流的 PVs 或 FVs 求和来找到 FV 或 PV。当一系列不均匀现金流中存在嵌入年金或永续年金时，可以先求出嵌入年金或永续年金的现值。而所发现的现值是年金或永续年金开始前一段时间点的现值。

1. 不等额现金流的终值

将每个现金流进行复利得到单个现金流的终值,然后加总所有现金流的终值得到整个不等额现金流系列的终值,如表 7.1 所示。

表 7.1　　　　　　　　　　　不等额现金流的终值

时　间	现金流	$t=3$ 时刻的终值
1	1 000	$1\ 000(1+0.1)^2 = 1\ 210$
2	2 000	$2\ 000(1+0.1)^1 = 2\ 200$
3	4 000	4 000
总　和		7 410

由于上述系列中的现金流不相等,我们找到每个现金流在 $t=3$ 时刻的 FV 并加总。

2. 不等额现金流的现值

通过找到每个现金流的现值并且将现值加总可以找到一组同样不等额现金流的现值,如表 7.2 所示。通过电子表格可以最快地得到 PV 或 FV。

表 7.2　　　　　　　　　　　不等额现金流的现值

时　间	现金流	现　值
1	1 000	$1\ 000(1+0.1)^{-1} = 909.09$
2	2 000	$2\ 000(1+0.1)^{-2} = 1\ 652.89$
3	4 000	$4\ 000(1+0.1)^{-3} = 3\ 005.26$
总　和		5 567.24

根据现金流系列的现值,我们可以通过将现值复利至 $t=3$ 时刻来计算系列的终值。

已知 $PV=5\ 567.24, r=10\%, t=3$,代入公式 $FV_t = PV(1+r)^t$ 得出:

$$FV_3 = 5\ 567.24(1+0.1)^3 = 7\ 410$$

7.5　时间价值建模问题

7.5.1　利用时间轴辅助估价

现金流的时间轴显示了一个公司的现金流入和现金流出,以及在给定的时间段内造成这些现金流入和现金流出的业务活动。

学习目标

演示使用时间轴解决货币时间价值(TVM)问题。

主要内容

要 点
- 时间轴是用来显示现金流的数量和时间点的轴线。它有助于跟踪投资项目中的现金流。
- 时间轴有助于追踪不等额现金流。

时间轴在一条线上描绘了现金流的数量和时间。等额定期的现金流可以被建模为年金,或当现金流无限期继续的时候可以被建模为永续年金。当使用电子表格对现金流进行建模时,一行或一列下的每个单元格都可以表示时间点。

假设你有一个投资方案,三年后开始每年获得 5 000 美元直至永久,当另类投资的回报率为 10%时,则你愿意为此投资支付多少?

为解决这个问题,首先来画一个永续年金时间轴,如图 7.6 所示。

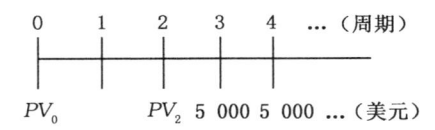

图 7.6 永续年金时间轴图解

然后找到永续年金在 $t=2$ 时刻(标记为 PV_2)的现值。回顾一下,永续年金的第一个现金流是从我们想用永续公式计算现值的时候开始的。

根据公式 $PV_2 = \dfrac{C}{r}$ 得出:

$$PV_2 = \frac{5\ 000}{0.1} = 50\ 000(美元)$$

在我们得到 $t=2$ 时的永续年金值后,我们需要将这个金额折现两个时期,得到 $t=0$ 时的值。使用 PV 公式计算如下:

$$PV = FV_t(1+r)^{-t} = \frac{50\ 000}{(1+0.1)^2} = 41\ 322.31(美元)$$

7.5.2 作为债券现金流现值的债券估值

债券的公允价值是债券现金流的现值之和。

学习目标

将在货币时间价值中学到的概念应用到债券价值中。

主要内容

要　点

- 当债券的票面价值和利息支付确定后,债券估值可以帮助投资者计算出合适的回报率,以使债券投资物有所值。
- 如果债券的市场利率或必要收益率大于债券的票面利率,则债券将以折扣价出售。如果必要收益率低于债券的票面利率,则债券将溢价出售。
- 在计算债券的现值时,通常使用市场利率作为折现率。

重点名词

- 债券(Bond):债券是一种以定期息票的形式支付利息,并在到期时偿还本金的债务工具。
- 票面价值(Par Value):债券的面值或赎回价值。
- 到期日(Maturity Date):到期日是债券本金到期的日期。
- 债券收益率(Bond Yield):债券的必要收益率。
- 零息债券(Zero-Coupon Bond):零息票债券的利息是隐含的,因为债券是按面值折价出售的。

1. 债券估值

如果股票和债券有相似的现金流模式,那么我们可以用同样的方法计算它们的时间价值。

2. 什么是债券

债券是公司发行的债务证券。这种证券由公司承诺每年或每半年定期支付利息,也被称为息票支付。公司还承诺在债券到期前偿还本金。

息票金额等于息票利率乘以票面价值(也称为面值或赎回价值)。面值是指债券到期时需要偿还的本金,通常为 1 000 美元。

假设一只债券需每年支付 7% 的息票,10 年到期。该债券的现金流如图 7.7 所示:

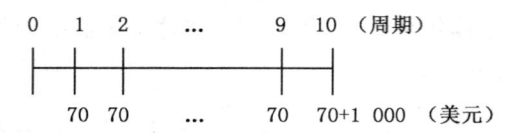

```
0    1    2   ...    9    10    (周期)
|────|────|────|────|────|
    70   70   ...   70   70+1 000   (美元)
```

图 7.7　年度息票率为 7% 的债券时间轴

我们如何计算这种债券的价值?这取决于我们购买债券时所要求的回报率。我们使用所需的回报率来计算债券现金流的现值,以确定其价值。

通常债券的发行价格等于票面价值。要做到这一点,我们需要将票面利率设为债券的必要收益率。

债券发行后,投资者所要求的回报率可能会随着有关经济、公司前景和其他相关信息的改变而发生变化。因此,债券的价值也会发生变化。它如何变化取决于债券市场的利率变动。

价值由以下公式确定，式中"C"是息票利息，"r"是债券的收益率或必要收益率，"C_T"是面值，"T"是债券距离到期的时间。

$$PV_0 = C\left[\frac{1-1/(1+r)^T}{r}\right] + \frac{C_T}{(1+r)^T} \tag{7.10}$$

假设一年后，必要收益率下降到 6%，那么现在债券的价格是多少？

该债券的时间轴如图 7.8 所示：

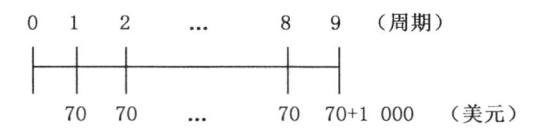

```
0    1    2    ...   8    9    （周期）
|————|————|—————————|————|
70   70   ...        70   70+1 000  （美元）
```

图 7.8　年度息票率为 7% 的债券时间轴

该债券的现金流包括 9 年的年金加上 $t=9$ 时刻的面值。已知 $t=9, r=6\%, C_T=1\,000$，根据上述公式得出：

$$PV_0 = 70\left[\frac{1-1/(1+0.06)^9}{0.06}\right] + \frac{1\,000}{(1+0.06)^9} = 1\,068.02(\text{美元})$$

该债券的现金流现值或债券价格为 1 068.02 美元。

我们还了解到，当必要收益率增加时，债券价格会下降。换句话说，债券价格和债券收益率成反比。债券收益率与票面利率之差以及债券价格与票面价值之差的关系如下：

当债券收益率＞票面利率→债券价格＜票面价值时，债券折价出售；

当债券收益率＝票面利率→债券价格＝票面价值时，债券按面值出售；

当债券收益率＜票面利率→债券价格＞票面价值时，债券溢价出售。

注：在债券市场，债券价格按面值的百分比报价。如果所示价格为 106 美元且债券面值为 1 000 美元，则债券价格为 1 060 美元。

3. 债券收益率

10 年后到期的 4% 息票债券价格为 900 美元，低于 1 000 美元的面值。这种债券看起来很划算。如果你今天购买债券，则你将获得每年 40 美元的息票支付，除此之外，还有 100 美元的资本增值。但假设新的 10 年期债券票面利率为 5%，在市场上按票面价值出售，那么现在哪种债券更划算？

这两种债券的到期日相同，但价格和票面利率不同，第一种债券的票面利率较低，为 4%，900 美元的成本也较低；而第二种债券的票面利率较高，为 5%，但 1 000 美元的成本较高，多支付了 100 美元。我们该如何决定？

如果两项投资相似且风险相同，则回报率越高的投资越好。我们知道第二种债券的收益率是 5%，因为它是按面值出售的。

对于第一种 4% 的债券，我们将债券价格、息票和到期日的值插入债券价格方程并求解 r：

$$900 = C\left[\frac{1-1/(1+r)^{10}}{r}\right] + \frac{1000}{(1+r)^{10}}$$

使用财务计算器或 Excel 程序，我们得到 $r=5.315\%$。由于这比第二种 5% 息票债券的 5% 收益率高，因此选择售价 900 美元的 4% 息票债券出售是更好的选择。

7.5.3 利用永续增长法对股票进行估值

通过使用货币的时间价值原理确定属于一只股票的现金流的现值,可以对股票进行估值。

学习目标
将在货币时间价值中学到的概念应用于股票价值评估。

主要内容

要 点
- 股票有两种估值方法。一种是价格乘数法,将股票价格与某些金融变量关联。另一种是折现现金流法。
- 第二种方法提出了一个基本假设,即股利以恒定的速率 g 增长。我们使用永续增长公式对股票进行估值。
- 当股利增长率 g 低于市场利率 r 时,公式有效。

重点名词
- 内在价值(Intrinsic Value):基于投资者评估的资产内在价值。投资者将内在价值与股票的市场价格进行比较,以评估一只股票是定价过高还是定价过低。如果一只股票的市价超过其内在价值,那么根据投资者的估计,它的价格就被高估了。

我们可以用两种方法来估价股票。第一种方法是使用价格乘数,我们将金融变量的价值乘以倍数。例如,在市盈率(PE)估值法中,我们通过取其他类似公司的平均市盈率来确定适当的市盈率,以这个平均市盈率乘以公司的收益来决定它的价格。

第二种方法是折现现金流法。这种方法表明,我们愿意为一家公司的股票支付的价格取决于我们预期能在未来从该公司获得的现金流。下面将讨论这种方法。

现金流是从公司收到的股利,如图 7.9 所示。

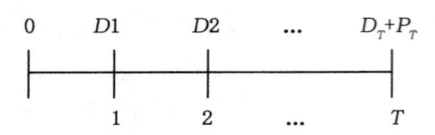

```
0      D1     D2    ...   D_T+P_T
|──────|──────|──────────|
       1      2     ...    T
```

图 7.9 持有股利的时间轴图解

股票的价值是我们在直至时间 T 的未来一段时间内每年收到的股利的现值加上当时股票价格的现值。要找出这股利流的现值并不是一件容易的事,因为我们必须预估公司长期支付的股利。如果我们假设股利以恒定的速率 g 增长,那么我们可以将股票作为一个增长型永续年金进行估值,公式如下:

$$PV_0 = \frac{D_1}{r-g} \tag{7.11}$$

式中，PV_0 是股票价格，D_1 为 $t=1$ 时刻的股利，r 是股票的必要收益率，g 是股利增长率。

请注意，如果 $g > r$，则公式无效。公式也可以改写为用刚收到的股利 D_0 作为第一个现金流，改写公式如下：

$$PV_0 = \frac{D_1}{r-g} = \frac{D_0(1+g)}{r-g} \tag{7.12}$$

这种股票估值方法被称为固定股利增长模型。

假设目前 3.00 美元的股利预计将以 5% 的速度无限期增长。如果必要收益率为 12%，则使用固定股利增长模型对股票进行估值，则计算如下：

$$PV_0 = \frac{D_1}{r-g} = \frac{D_0(1+g)}{r-g} = \frac{3.00(1.05)}{0.12 - 0.05} = 45(\text{美元})$$

我们估计 45 美元的股价比 50 美元的市价还低。这个价格意味着市场预测的增长率高于我们使用的 5%，假定模型和必要收益率假设是适当的。将除了 g 的所有变量的值代入固定股利增长模型方程，我们得到：

$$50 = \frac{3.00(1+g)}{0.12 - g}$$
$$g = 0.056\ 6$$

预期股利增长率为 5.66%，股票价格才能以 50 美元的市价估值。

7.5.4 两阶段估值模型：非固定股利增长和永续现金流增长

两阶段股利贴现模型用于假设股利以两种不同的速率增长。

学习目标

用两阶段估值法理解和计算股票的价值。

主要内容

要　点

- 对于目前正经历快速增长的公司，不能采用固定股利增长模型。相反，我们使用两阶段股利贴现模型。
- 我们不指望一家公司能维持初期的高增长。在第二阶段，公司的增长将稳定在一个更可持续的速度，增长与经济增长率保持一致。

重点名词

- 非固定增长（Non-Constant Growth）：有限时间内的异常增长率。
- 股利贴现模型（Dividend Discount Mode，DDM）：股利贴现模型是一种用于预测公司股票价格的定量方法。该模型基于这样一个理论：当折现到现值时，当前价格等于未来所有股利支付的总和。
- H 模型（H Model）：类似于两阶段股利折现模型。差异产生于第一阶段的增长率转变为第二阶段的增长率。第一阶段的增长率不是从第一阶段突然下降到第二阶段，而是以恒定的速度下降，直到达到第二阶段的增长率。

- **期末价值(Terminal Value)**：捕获公司在终止日期之后的现金流价值。通常情况下，期末价值是一个永续年金流或增长型永续现金流的现值，现金流有一个接近成熟经济体增长率的长期低增长率。

两阶段股利增长模型有两种版本。它们在从高增长(异常增长)阶段到低增长(正常增长)阶段的过渡过程中有所不同。

第一种或标准的两阶段股利增长模型表现为第一阶段的高股利增长率、第二阶段的低股利增长率。在第一阶段，公司发展很快。第一个阶段可能是一个新兴行业的公司腾飞，或是公司推出了一个席卷全球的新产品。然而，随着竞争对手开始出现，产品不再新颖，增长速度放缓到更低的水平。由于股利是从公司利润中支付的，第一阶段的高股利增长反映了销售的高增长率，而随后的低股利增长率则反映了成熟行业或产品预期的缓慢销售增长。

第二种两阶段股利增长模型被称为 H 模型，第一种模型的股利增长率没有突然下降。高股利增长率在第二阶段达到低股利增长率之前会以恒定的速度下降。

对于第一种两阶段股利折现模型，由于股利增长率并不相等或增长率超过了折现率，我们无法应用公式对第一阶段的股利进行估值，所以我们需计算出每个股利的现值。在两阶段股利贴现模型中的第二阶段，增长率是一个相当低的可持续增长率。第二阶段现金流量的现值可以通过应用永续增长公式并将获得的价值折现到当前时间得到。两阶段股利贴现模型中的股票价值如下所示：

$$V_0 = \sum \frac{D_t}{(1+r)^t} + \frac{V_T}{(1+r)^T} \tag{7.13}$$

式中 V_T 用于估计 P_T。两阶段模型假设前 t 次股利以较高的短期增长率增长，记为 g_s：

$$D_t = D_0(1+g_s)^t \tag{7.14}$$

在 T 时刻之后，年度股利增长率变化到一个正常的长期增长率 g_L。在 $n+1$ 时刻的股利为 $D_{n+1} = D_n(1+g_L) = D_0(1+g_s)^n(1+g_L)$，并且股利以 g_L 继续增长。V_T 可使用固定股利增长模型计算：

$$V_T = \frac{D_0(1+g_s)^T(1+g_L)}{r - g_L} \tag{7.15}$$

【示例 4】

ABC 诊断公司是一家提供血液疾病筛查和诊断的生物技术公司。这家公司股票的价格是每股 15 美元。预测在未来十年间，目前的股利 0.50 美元将以每年 10% 的速度增长。之后，增长率将下降到 4%，并持续保持这个水平至永远。股票的必要收益率是 12%。根据你对内在价值的计算，是否应该购买该股票？使用两阶段 DDM 进行股票估值。

答案：

下面计算了前十次股利，其现值按 12% 折现。$t = 10$ 时股票的期末价值为：

$$V_{10} = \frac{0.50(1+0.1)^{10}(1+0.04)}{0.12 - 0.04} = 16.86(美元)$$

股票的期末价值和现值也已经给出，根据现值 $V_0 = \sum \frac{D_t}{(1+r)^t} + \frac{V_n}{(1+r)^n}$，计算得出内在价值为 13.35 美元。由于这低于 15 美元的市价，该股票不应买入。计算数据如下：

股票估值(两阶段 DDM)

时间	价值	计算	D_t 或 V_t	D_t 现值
1	D_1	$0.50(1+0.1)$	0.550 0	0.509 3
2	D_2	$0.50(1+0.1)^2$	0.605 0	0.518 7
3	D_3	$0.50(1+0.1)^3$	0.665 5	0.528 3
4	D_4	$0.50(1+0.1)^4$	0.732 1	0.538 1
5	D_5	$0.50(1+0.1)^5$	0.805 3	0.548 0
6	D_6	$0.50(1+0.1)^6$	0.885 8	0.558 2
7	D_7	$0.50(1+0.1)^7$	0.974 4	0.568 5
8	D_8	$0.50(1+0.1)^8$	1.071 8	0.579 1
9	D_9	$0.50(1+0.1)^9$	1.179 0	0.589 8
10	D_{10}	$0.50(1+0.1)^{10}$	1.296 9	0.600 7
10	V_{10}	$0.50(1+0.1)^{10}(1+0.04)/(0.12-0.04)$	16.859 3	7.809 1
总计				13.347 8

两阶段 DDM 是有用的,因为许多公司最初增长很快,但随着竞争加剧和市场更加成熟,其增长率会下降到一个更可持续的水平。例如,一家公司可能通过拥有专利或先发优势来实现超常增长。然而,一家公司很少能继续保持其相对于竞争对手的优势。它的增长很快就达到了整体经济的增长。

两阶段 DDM 模型是假设第一阶段的增长率非常高,之后的固定增长率非常低,两个增长率的差别可能很大。但是,从一年的高增长率突然下降到下一年的极低增长率似乎是不现实的。因此,H 模型创新性地构建了从第一阶段的高增长率到第二阶段的低增长率的线性递减过程。H 模型下的价值为:

$$V_0 = \frac{D_0(1+g_L) + D_0 H(g_s - g_L)}{r - g_L} \tag{7.16}$$

式中,V_0 = 当前时刻($t=0$)的每股价值,D_0 = 当期股利,r = 股权的必要收益率,H = 高增长期的半衰期(即高增长期=$2H$ 年),g_S = 短期内初始高股利增长率,g_L = 第 2 年后的正常长期股利增长率。

【示例 5】

明星公司是一家成功的零食公司,其无糖"无罪恶感"冰激凌是最畅销的一款产品。它的销售额一直在快速增长,但管理层预计,随着竞争对手和新来者开发出类似的冰激凌后,其增长将放缓。基于以下数据,使用 H 模型对公司进行估值。

假设明星公司的股票价格是 20 美元。目前股利是 1 美元。目前股利增长率是一个相对较高的数字,即 10%。预计未来五年增长将以稳定的速度下降,此后将降至正常的 4%。根据一家金融服务公司的数据,明星公司的权益报酬率估计为 12%。

问题 1:利用 H 模型评估明星公司的内在价值。

问题 2:假设明星公司没有高速增长,而是从一开始就以正常的速度增长。在这种情况下，请评估明星公司的内在价值。

问题3：评估该公司的股票是否估值合理，是否存在高估或低估。

解答1：
$$V_0 = \frac{D_0(1+g_L) + D_0 H(g_s - g_L)}{r - g_L}$$
$$= \frac{1.00 \times (1+0.04) + 1.00 \times 5 \times (0.10 - 0.04)}{0.12 - 0.04}$$
$$= 16.75(美元)$$

解答2：

如果明星公司最初只是以正常速度增长，它的估计值将是H模型估计的第一部分，即13美元。请注意，更快的初始增长假设将其价值增加了3.75美元。

解答3：

16.75美元比明星公司目前的市价低了大约16%，这表明股票被高估了。

参考文献/拓展阅读

Ross S, Westerfield R, & Jordan B(2002), *Fundamentals Of Corporate Finance*, 6th ed, McGraw-Hill Irwin, pp. 158—300.

练习题

习题1

你可以选择现在收到1 000美元，或者12个月内每月收到85美元的年金。下列正确的是（   ）。

A. 如果不计算现值，就不能在两者之间进行选择

B. 如果不计算终值，就不能在两者之间进行选择

C. 你在比较每一种货币的终值时所做的选择与你在比较现值时所做的选择相同

习题2

你正在比较两个成本相同的投资选择。这两种选择都将在5年内支付1万美元。方案1是5年每年支付2 000美元的款项。方案2是第一年支付6 000美元，之后每年支付1 000美元。下列陈述正确的是（   ）。

A. 这两种选择的价值相等，因为它们都在5年内支付了相同数额的1万美元

B. 给定任意正收益率的前提下，方案2是两者中更好的选择

C. 方案2更可取，因为它是即付年金

习题3

你收到了两种你拥有的地产的报价。第一个报价是当前需39万美元现金。第二个报价是当前需支付20万美元，一年后再支付20万美元。如果折现率是4%，那么选择（   ）更好。

A. 你应该接受第二个报价，因为它的净现值较高

B. 你应该接受第二个报价，因为你将多得到1万美元

C. 你应该接受第一个报价,因为它有更高的终值

习题 4

银行借给你一笔三个月的资金,金额为 1 000 美元,之后你必须付 1 030 美元。该贷款协议的有效年利率是(　　)。

A. 3.0%　　　　　　　　B. 12.0%　　　　　　　　C. 12.6%

习题 5

约翰 6 年后退休。他预计从现在到两年后每年将收到 4 万美元,持续 3 年。收到的钱将获得 10% 的回报。他退休时钱总共有(　　)。

A. 132 400 美元　　　　B. 145 640 美元　　　　C. 160 204 美元

习题 6

你可以选择从一年后开始每年领取 5 万美元的退休金,持续十年,或者从今天起一次性领取。如果收到的钱可以按 8% 的年利率进行投资,那么一次总计支付(　　)才会让一次性付款或年金的选择相同。

A. 313 344.40 美元　　　B. 335 504.07 美元　　　C. 362 344.40 美元

习题 7

罗伯特考虑购买一款理财产品作为儿子未来的大学学费资金,预计 4 年内每年支付 4.5 万美元,11 年后第一笔付款到期。如果理财产品的预期年回报率为 10%,那么罗伯特可能需要支付(　　)。

A. 49 996 美元　　　　　B. 54 995 美元　　　　　C. 60 495 美元

习题 8

一个永久优先股每半年支付 2.00 美元的股利。如果年度必要收益率为 8%,每半年复利,则股票的现值最接近(　　)。

A. 46.30 美元　　　　　B. 48.08 美元　　　　　　C. 50.00 美元

习题 9

假设 ABC 公司的股利永远以 4% 的速度增长,目前股利为每股 2.00 美元,投资者必要收益率是 9%,则 ABC 公司的股票价值最接近(　　)。

A. 40.00 美元　　　　　B. 41.60 美元　　　　　　C. 43.60 美元

习题 10

一只股票卖 50 美元并需支付 4 美元的股利。如果股票的必要收益率是 12%,那么它的预期股利增长率是(　　)。

A. 3.7%　　　　　　　　B. 4.0%　　　　　　　　　C. 8.0%

参考答案

习题 1

答案:选项 C 是正确的。

如果一个选项的现值大于另一个,那么终值也将大于另一个。我们将现值以相同的利率复利来得到终值。

习题 2

答案:选项 B 是正确的。

由于第二种报价中 10 000 美元的更多部分被提前支付,使该报价的折现效应更小,因而其现值高于第一种报价。

习题 3

答案:选项 A 是正确的。

第二种报价的现值是 188 679 美元,而当前第一种报价为 390 000 美元。

习题 4

答案:选项 C 是正确的。

三个月的利率是 3%。有效年利率 $=(1+0.03)^4-1=12.6\%$。

习题 5

答案:选项 C 是正确的。

计算如下:

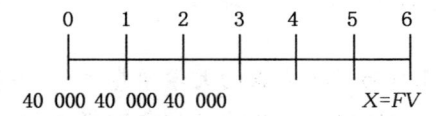

```
0      1      2      3      4      5      6
|──────|──────|──────|──────|──────|──────|
40 000 40 000 40 000                      X=FV
```

年金在 $t=4$ 时刻的终值可以由年金终值公式 $FV=C\left[\dfrac{(1+r)^t-1}{r}\right]$ 得出:

$$FV_4 = 132\ 400(美元)$$

$t=6$ 时刻年金的终值为:

$$FV = 132\ 400 \times (1+0.1)^2 = 160\ 204(美元)$$

习题 6

答案:选项 B 是正确的。

计算如下:

```
0    1     2    ...    9    10
|────|─────|───────────|─────|
X  50 000 50 000    50 000 50 000
```

根据年金现值的公式 $PV=C\left[\dfrac{1-\dfrac{1}{(1+r)^t}}{r}\right]$ 得出:

$$PV = 50\left[\dfrac{1-\dfrac{1}{(1+0.08)^{10}}}{0.08}\right] = 335\ 504.07(美元)$$

如果使用财务计算器,则输入为:

$n=10, r=8\%, PMT=-50\ 000$

PV 计算值 $=335\ 504.07($ 美元$)$

习题 7

答案：选项 B 是正确的。

找出代表学费价值的第 10 年普通年金的现值(PV)，计算如下：

$$PV = 45\,000 \left[\frac{1 - \frac{1}{(1+0.1)^4}}{0.1} \right] = 142\,644 (美元)$$

然后，以当前美元计算年金的现值(其中 FV 是未来价值)：

$$PV_0 = \frac{142\,644}{(1+0.1)^{10}} = 54\,995 (美元)$$

习题 8

答案：选项 B 是正确的。

从现在起六个月后的永续年金的价值计算如下：

$PV = C/r$，其中 PV 是现值，C 是永续金额，r 是半年回报率。

$$PV = 2.00 \div (0.08 \div 2) = 50 (美元)$$

当前价值为(FV 是未来价值)：

$$PV = FV_t(1+r)^{-t} = 50 \div (1+0.04) = 48.08 (美元)$$

习题 9

答案：选项 B 是正确的。

股票的价值是用永续增长公式 $PV = C/(r-g)$ 计算出来的。

注意该公式假设现金流在期末。然而，2 美元的股利现在已经支付了。所以 C 的值应该是 2×1.04。计算如下：

$$PV = (2 \times 1.04) \div (0.09 - 0.04) = 41.60 (美元)$$

习题 10

答案：选项 A 是正确的。

使用增长型永续年金公式 $PV = C/(r-g)$ 计算：

$$r = (C/PV) + g$$
$$0.12 = [4(1+g)/50] + g$$
$$6 = 4 + 4g + 50g$$
$$g = 3.7\%$$

第8章 资产的收益与风险度量

8.1 收 益

当人们投资某项资产时,他们期望从该资产中获得收益,因为货币的时间价值,这个概念在前面的章节中已经介绍过。然而,一项资产的收益与风险水平相关,通常通过收益的方差来衡量。资产相关性和协方差用于测量这些资产如何以及何时相互移动。一个投资组合是由两种或两种以上不完全相关的资产组成的,它允许投资者降低风险而不必降低回报。

学习目标

计算资产组合的预期收益和方差。

主要内容

要 点

- 预期收益是加权平均收益。它将未来可能的回报乘以回报的相关概率。投资者根据风险和预期回报来评估投资。
- 收益的方差是对收益相关的风险或不确定性的衡量。它的计算方法是将偏离平均回报的平方的加权平均值相加。
- 一个投资组合由两种或两种以上的资产组成,并由资产在投资组合中的比例唯一决定。
- 投资组合的预期收益是资产收益的加权之和。
- 投资组合方差衡量的是投资组合收益的离散度。组合方差是通过组合权重、组合中每种证券的标准差以及组合中证券之间的相关性来计算的。

重点名词

- 标准差(Standard Deviation):它是与收益相关的不确定性度量,通过取方差的平方根获得。它衡量的是个体收益在平均收益附近的离散度。
- 相关性(Correlation):衡量两个投资相互移动程度的统计数据。它是通过相关系数来衡量的,其范围为$-1.0 \sim 1.0$。正相关指的是,当一项投资的价格上涨或下跌时,另一项投资的价格会随着其上涨或下跌,这取决于相关性的强弱。

1. 单个资产的预期收益

假设一项资产 i 在下一时期有 S 种可能的经济状态。如果设 p_s 为 s 经济状态发生的概率,R_{is} 为 s 状态发生时资产 i 的收益率,则资产 i 的预期收益率为:

$$E(R_i) = \sum_{s=1}^{S} p_s R_{is} \tag{8.1}$$

式中,p_s 权重对应于概率;$E(R_i)$ 是指如果我们可以多次重复投资,每次从相同的概率分布中提取收益,我们就能获得的平均收益。

2. 单个资产的方差

对于资产类别 i,其收益的方差和标准差如下:

$$Var(R_i) = \sigma_i^2 = \sum_{s=1}^{S} p_s [R_{is} - E(R_i)]^2 = E\{[R_{is} - E(R_i)]^2\} \tag{8.2}$$

$$SD(R_i) = \sigma_i = \sqrt{Var(R_i)} \tag{8.3}$$

3. 资产投资组合

目前考虑一个 N 种资产的投资组合,我们可以用组成资产和权重来描述,权重是投资组合中每种资产所占总投资的比例。资产类别 i 的投资组合权重为:

$$W_i = \frac{投资 i 的价值}{投资组合的总价值} \tag{8.4}$$

请注意,投资组合的权重加起来是 1,所以它们代表了我们如何在投资组合中的不同资产之间分配我们的资金。

我们可以用两种方法来求出投资组合的预期收益。一种方法是先求出每种状态下的投资组合收益:

$$R_{Ps} = \sum_{i=1}^{N} w_i R_{is} \tag{8.5}$$

该状态下的投资组合收益是投资组合资产收益的加权平均值,其权重对应于投资组合的权重。

然后,利用公式 8.1 的组合当量求出组合预期收益:

$$E(R_P) = \sum_{s=1}^{S} p_s R_{Ps} \tag{8.6}$$

预期的投资组合收益是可能的投资组合收益的加权平均值,其中的权重对应于该收益的出现概率。

另一种方法是先用公式 8.1 计算投资组合中 N 种资产的期望收益。组合预期收益是其投资的预期收益的加权平均值,再使用组合权重:

$$E(R_P) = \sum_{i=1}^{N} w_i E(R_i) \tag{8.7}$$

4. 资产投资组合的预期收益

投资组合的波动也可以用两种方法来求得。一种方法是先用公式 8.5 求出每种状态下的投资组合收益,然后再用公式 8.2 和公式 8.3 的等效投资组合方程来求出投资组合的波动率。然而,将投资组合的风险与投资组合的组成资产的风险联系起来更顺理成章。

考虑一个双资产投资组合,可以利用 $R_p=w_1R_1+w_2R_2$ 和两个随机变量线性组合方差的基本统计性质,得出双资产组合的方差:

$$Var(R_P)=Var(w_1R_1+w_2R_2)=w_1^2\text{var}(R_1)+w_2^2\text{var}(R_2)+2w_1w_2\text{cov}(R_1,R_2) \tag{8.8}$$

由上述公式可知,投资组合方差取决于单个资产的方差和它们之间的协方差。

协方差用于衡量两种资产收益的波动程度,定义如下:

$$\text{cov}(R_1,R_2)=E\{[R_1-E(R_1)][R_2-E(R_2)]\} \tag{8.9}$$

直观地说,如果两种资产的收益同向波动,则它们的收益将同时高于或低于平均值,协方差将为正。如果两种资产的收益反向波动,则协方差将为负。协方差表示两个变量之间线性关系的方向。相关系数表明了线性关系的方向和强度。相关系数的计算公式如下:

$$Corr(R_1,R_2)=\rho_{12}=\frac{Cov(R_1,R_2)}{SD(R_1)SD(R_2)} \tag{8.10}$$

两种资产回报之间的相关性与协方差,有类似的解释。然而,用协方差除以资产的波动性,可以确保相关性始终在 -1 和 $+1$ 之间,这让我们可以衡量它们之间关系的强度。相关性越接近 $+1$,回报率就越接近。

当相关性(即协方差)等于 0 时,收益不相关。这意味着,资产回报率并不倾向于同向波动,也不倾向于相互反向波动。最后,相关性越接近 -1,回报率越倾向于反向波动。

5. 投资组合方差

将公式 8.10 代入公式 8.8 的表达式,得到投资组合方差为:

$$Var(R_p)=w_1^2\text{var}(R_1)+w_2^2\text{var}(R_2)+2w_1w_2SD(R_1)SD(R_2)\rho_{12} \tag{8.11}$$

如果资产的收益是完全正相关的(即 $\rho_{12}=1$),则投资组合的波动率为:

$$SD(R_p)=w_1SD(R_1)+w_2SD(R_2) \tag{8.12}$$

如果两种资产完全正相关,则投资组合风险是资产风险的加权平均值。然而,如果每项资产的投资金额为正,则关系为:

$$SD(R_p)<w_1SD(R_1)+w_2SD(R_2) \tag{8.13}$$

由于任何两种资产的回报不太可能是完全正相关的,公式 8.13 中的关系意味着投资组合的风险小于其组成部分的风险的加权平均值。但是,从公式 8.7 可以看出,投资组合的预期收益仍然是其组成资产的预期收益的加权平均值。组合不完全相关的资产体现出多样化的本质。

对于 N 种资产组合,一般情况下,组合方差为:

$$Var(R_p)=\sum_{i=1}^{N}\sum_{j=1}^{N}w_iw_j\text{cov}(R_i,R_j) \tag{8.14}$$

式中,R_i 和 R_j 分别为资产 i 和 j 的收益。公式 8.14 表示,投资组合的方差等于投资组合中所有对资产的收益协方差的加权平均值。投资组合的整体变异性取决于其中资产的整体联动性。从公式 8.9 中,我们注意到资产收益与自身的协方差就是其方差。因此,对于资产 i,组合方差为:

$$\text{cov}(R_i,R_j)=\text{var}(R_i) \tag{8.15}$$

在 $N=2$ 的特殊情况下,用公式 8.14 和公式 8.15,我们将得到公式 8.8。

8.2 风　险

资产的风险可以分为可分散风险和不可分散风险。

学习目标

描述资产的收益与风险的关系。

主要内容

要　点
- 将资产组合在一个投资组合中,可以通过分散投资来降低一些风险。然而,由于大多数资产受到常见经济事件的影响,风险(称为系统性风险或不可分散风险)无法减少。

重点名词
- 多样化(Diversification):指通过投资组合中的多种资产来降低整体风险的策略。

将资产组合在一个投资组合中,通过分散投资消除部分风险。在大型投资组合中,独立风险可以被分散,而系统性风险或普通风险则不能。剩余的风险量取决于其相关程度,即它们暴露于共同风险的程度。例如,资产回报也会受到经济事件的类似影响。

不可分散风险,也称为系统性风险,适用于特定的市场或行业。它不能分散。可分散风险也被称为非系统性风险,它适用于与市场无关的特定投资,可以分散。例如,一个特定公司的罢工,或公司的工厂因洪水而关闭。

多元化投资组合的预期收益是每一项标的资产的预期收益乘以该投资所获得的权重。分散化投资组合的方差随着资产数量的增加而减小,且小于不完全相关的资产收益。图8.1显示了一个纽约证券交易所股票组合的组合标准差是如何随着证券数量的增加而减小的,也说明了多元化投资的局限性,即增加投资组合中的股票数量并不会减少投资组合的方差。

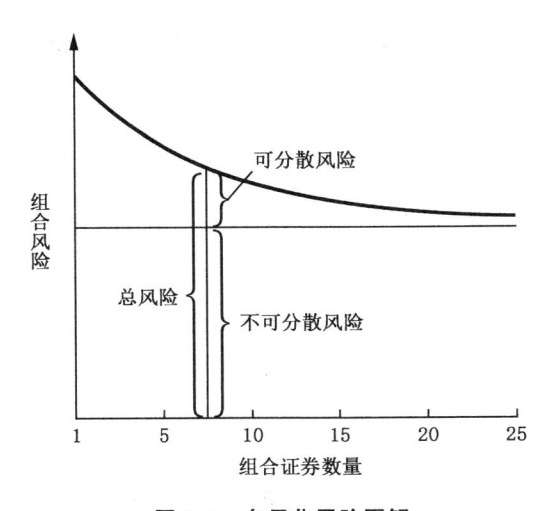

图 8.1　多元化风险图解

参考文献/拓展阅读

[1] Bodie Z, Kane A and Marcus A J(2020), *Investments*, 12th ed, McGraw-Hill, pp. 119-158.

[2] Brealey R A, Myers S C and Allen F(2010), *Principles of Corporate Finance*, 10th ed, McGraw-Hill, pp. 156-184.

[3] Ross S, Westerfield R & Jordan B(2002), *Fundamentals of Corporate Finance* 6th ed, McGraw-Irwin Hill, pp. 416-425.

练习题

A公司和B公司投资组合如下：

A公司和B公司投资组合

资　产	权　重(%)	预期收益(%)	预期标准差(%)
A	40	8	20
B	60	3	10

习题1

投资组合的预期收益为(　　)。

A. 5.0%　　　　　　B. 6.0%　　　　　　C. 6.4%

习题2

在两种资产相关性为0.5的情况下,该组合的标准差最接近(　　)。

A. 9.8%　　　　　　B. 10.2%　　　　　　C. 11.1%

参考答案

习题1

答案:选项A是正确的。

一个投资组合的预期收益是其组成部分的预期平均的加权平均值。由公式$R_{Ps}=\sum_{i=1}^{N}w_{i}R_{is}$计算得出：

$$R_{Ps}=0.4\times 8\%+0.6\times 3\%=5.0\%$$

习题2

答案:选项B是正确的。

由下列方程计算得出：

$$Var(R_p)=w_1^2\text{var}(R_1)+w_2^2\text{var}(R_2)+2w_1w_2SD(R_1)SD(R_2)\rho_{12}$$

$$\begin{aligned}SD(R_p)&=\sqrt{w_1^2\text{var}(R_1)+w_2^2\text{var}(R_2)+2w_1w_2SD(R_1)SD(R_2)\rho_{12}}\\&=\sqrt{0.4^2 0.2^2+0.6^2 0.1^2+2(0.4)(0.6)(0.2)(0.1)(0.5)}\\&=0.102=10.2\%\end{aligned}$$

资产A和资产B之间的方差被计算了两次。计算两次可以解释资产A和资产B之间的方差以及资产B和资产A之间的方差。

4

第四部分

投资决策

第 9 章　资本成本

9.1　加权平均资本成本

加权平均资本成本（WACC）是指公司资产必须满足其投资者所需回报的收益。WACC并非企业资本不同组成部分的简单平均值，它是根据各个资本组成部分的市场价值的比例加权的。

学习目标

计算并解释公司的加权平均资本成本。

主要内容

要　点

- WACC 通常用作评估投资机会的门槛。
- 加权平均资本成本是通过将资本的不同组成部分所需回报及其权重（即该组成部分的价值占公司总价值的比例）的乘积相加后得出的。
- 在计算 WACC 时，应使用市场价值，而不是资本成分的账面价值。
- 要接受一个项目，其回报应超过公司的资金成本。

重点名词

- 加权平均资本成本（Weighted Average Cost of Capital）：这是公司不同资本组成部分的加权平均税后成本。组成部分指公司的普通股、优先股和债券。每个组成部分的成本是投资者要求的投资回报，而它在 WACC 中的权重则是其市场价值与总价值的比例。
- 市场价值（Market Value）：由市场确定的资产价值。例如，公司的市场价值是其已发行股票总数乘以股价的乘积，即市值。
- 账面价值（Book Value）：资产或负债的账面价值是公司资产负债表上显示的股东权益的价值。

公司需要资金来购买经营业务所需的资产。公司资本不同的来源包括普通股、优先股和债券。每一个部分都有成本：投资者要求从该特定金融工具获得的回报率。这些要求的回报成为计算加权平均资本成本（WACC）的条件。

资本成本不仅是组成部分所需回报的简单平均值，还是每个部分的成本均按其占总资本的比例加权。假设普通股占公司总资本的60%，在这种情况下，将股本成本（普通股所需的回报）乘以60%即可得到它对于总资本成本的贡献。对资本的其他组成部分也可执行相同的步骤。但是，对于债务成本，它会进一步以$(1-t)$因子进行调整，其中t是公司税率，降低税率反映了以下事实：债务利息是用于减少应纳税利润的支出。因此，债务的有效成本为$r_d \times (1-t)$，其中r_d是债务的到期收益率。

WACC是每个组成部分的加权成本与以$(1-t)$进一步调整的债务成本的总和。WACC的公式如下所示：

$$WACC = W_d \times r_d \times (1-t) + W_p \times r_p + W_e \times r_e \tag{9.1}$$

式中，W_d=公司筹集新资金时使用的债务比例，r_d=税前债务边际成本，t=公司的边际税率，W_p=公司募集新资金时使用的优先股的比例，r_p=优先股的边际成本，W_e=公司募集新资金时使用的股权比例，r_e=权益边际成本。

我们将在接下来的章节中研究如何估算每个部分的成本。

9.2 债务成本

9.2.1 定义与计算

债务成本是公司已发行债券的到期收益率，也可以是银行贷款的利率。

学习目标

使用到期收益率方法和债务评级方法定义和计算债务成本。

主要内容

要　点

- 资本的债务部分可以包括短期或长期的贷款或债券。
- 债务的成本往往低于权益成本，因为债务的风险要低于权益——债务持有人先于权益持有人得到支付，因为在正常情况下要偿还债务利息，然后才支付股息。如果公司破产并被清算，则债务持有人将比股权持有人先获得偿付。
- 利率、通货膨胀和其他经济力量在总资本成本中起着重要作用。
- 市场的波动（即市场风险或系统风险）可能是不可预测的，并且可能影响投资者的整体风险和回报，从而影响资本成本。

重点名词

- 债务成本（Cost of Debt）：公司为债务支付的实际利率。如果债务为债券形式，则债务成本为债券到期收益率。计算得出的债务成本是税前债务成本，债务的实际成本是债务的税后成本，因为利息费用可以抵扣税款，从而减少了应税利润和已付税款。因此，债务的有效成本或税后成本远低于税前成本。

对于 WACC 债务组成部分,我们使用债务的税后成本 $r_d(1-t)$。债务的税前成本 r_d 是公司可以发行新债务的利率。由于利息的税收可抵扣性而节省的税款可以降低债务的税后成本,其计算方法如下:

$$税后债务成本 = 贷款利率 - 节税 = r_d - r_d \times t = r_d \times (1-t)$$
$$税后债务成本 = r_d \times (1-t) \tag{9.2}$$

【示例 1】

ABC 有限公司想发行新债。具有类似风险的公司将偿还其债务的 8%。如果公司税率为 40%,则 ABC 的债务成本是多少?

答案:

税后债务成本 $= r_d \times (1-t) = 0.8 \times (1-0.4) = 4.8\%$

9.2.2 到期收益率法

到期收益率(YTM)是投资者期待从今天购买并持有至到期的债券中获得的年收益。

学习目标

使用到期收益率方法计算债务成本。

主要内容

要　点

- 债务成本是已发行债券的到期收益率。
- 票息率不应与债务成本相混淆。如果债券以票面价值交易,则票息率与到期收益率相同。但是,如果债券未按票面价值进行交易,则债务成本(即到期收益率)与票面利率不同。
- 如果到期收益率大于票面利率,则债券将以折价出售,即低于面值。相反,低于票面利率的到期收益率将导致债券以溢价(即高于面值的价格)出售。

重点名词

- 平价交易(Trading at Par):如果债券价格与票面价格相同,则债券以票面价值交易。

债务成本可以通过以下方程式求解到期收益率 r_d 来得出:

$$P_0 = \frac{PMT_1}{1+r_d} + \cdots + \frac{PMT_n}{(1+r_d)^n} + \frac{FV}{(1+r_d)^n} = \sum_{t=1}^{n} \frac{PMT_t}{(1+r_d)^i} + \frac{FV}{(1+r_d)^n} \tag{9.3}$$

式中,P_0 = 债券的当前市场价格,PMT_t = t 期的利息支付,r_d = 到期收益率,n = 剩余到期期限,FV = 债券的到期价值。

该方程式假设债券支付年利率,但需每半年支付一次利息。在这种情况下,可以通过用 $r_d/2$ 代替 r_d,将期数增加到 $n \times 2$,并将每个期中的定期付款设置为年息的一半来调整等式。

到期收益率的计算假设是,收到的息票以到期收益率进行再投资。

息票与收益率之间的关系如下:

- 如果 YTM = 票面利率,则债券价格 = 票面价值。

- 如果 YTM>票面利率,则债券价格<票面价值。
- 如果 YTM<票面利率,则债券价格>票面价值。
- 以折扣价出售,称为折价债券;以溢价卖出,称为溢价债券。

【示例 2】
Sonic 公司发行了为期 10 年的债券,为一个新项目筹集资金。该债券的面值为 1 000 美元,每半年支付 6% 的票面利率。债券发行价为 1 030 美元。如果公司的边际税率为 30%,那么请计算公司的税后债务成本。

答案:
使用具有以下参数的财务计算器:
$PV = 1\,030$
$FV = 1\,000$
$PMT = 1\,000 \times (0.06 \div 2) = 30$
$n = 10 \times 2 = 20$

$$1\,030 = \sum \frac{30}{(1+i)^t} + \frac{1\,000}{(1+i)^{20}}$$

半年度的税前债务成本 i 为 2.802%;税前债务成本为 $r_d = 2.802\% \times 2 = 5.604\%$;税后债务成本为 $r_d(1-t) = 0.056\,04 \times (1-0.30) = 3.92\%$。

9.2.3 债务评级法

估计债务成本的另一种方法是债务评级法。债务评级机构将债务划分为不同的风险类别。如果公司的债务交易不频繁,则无法获得其可靠的当前市场价格数据,但是有债务评级时,其债务成本接近于具有相同评级和期限、交易更频繁的债券的收益率。

学习目标
描述债务评级方法。

主要内容
要 点
- 使用债务评级方法解释债务成本。
- 债务成本估算中的问题。

对于未积极交易,无法即时获得当前价格的债券,我们使用债务评级法。该方法涉及查看具有相同评级和期限的活跃交易债券的收益率。具有相同评级的债券应具有相似的收益率。

【示例 3】
分析师希望确定债务成本,以计算加权平均资本成本来评估 Lucky 公司。Lucky 公司的债务交易稀少,分析师认为,使用债券价格估算 Lucky 公司的债务成本可能无法产生可靠的结果。幸运的是,Lucky 公司的债券在首次发行时被评为 A 级,此后公司的财务状况并未发生太大变化。Lucky 公司债券的剩余期限为 10 年,10 年期 A 级债券在市场上交易收益率为 6%。如果边际税率为 30%,则公司的税后债务成本是多少?

答案：
$$r_d \times (1-t) = 6\% \times (1-0.3) = 4.2\%$$

使用此方法时应格外小心。债务评级以外的其他因素也会影响收益率。例如，需要考虑的一些因素有债务的资历以及是否存在看涨或看跌准备金。需要对收益率进行适当的调整以反映所评估的债务与市场上的债务交易之间的差异。

债务成本估算中的问题如下：

(1) 固定利率债务对比浮动利率债务。我们一直在讨论的是每个期间支付固定金额利息的债务。但是，公司不必局限于使用固定利率债务筹集资金。相反，公司可以发行浮息债券，即票息率不是固定的，而是与某些指数挂钩，例如最优惠利率或伦敦银行同业拆借利率。当参考利率发生变化时，浮动利率债券的利率将发生变化。

与固定利率相比，浮动利率在计算债务成本时会带来问题吗？答案是。回想一下在计算债务成本时，我们使用债券的到期收益率，除非债券按面值出售，否则到期收益率与债券的票面利率不同。

(2) 具有期权特征的债务。除了使用浮动利率债务而不是固定利率债务，公司还可以在债券中添加类似期权的特征，例如具有期权特征的债务，其到期收益率将不同于不具有此特征的债券。

一种类似期权的功能包括赎回条款，如果发行人选择这样做，那么该条款允许发行人在债券到期之前进行收兑或赎回。发行人通常在利率降至票面利率以下时收兑债券。另一种类似于期权的特征是回售条款，赋予债券持有人在到期前回售债券的选择权。

对于具有期权等功能的债券，其收益率与不具有此功能的类似债券的收益率有所不同。与没有该功能的类似债券相比，具有赎回特征的债券需要更高的到期收益率，而具有看跌特征的债券的收益率更低。

(3) 无评级债券。对于无评级和交易的债券，确定债务成本是一项挑战。一种方法是寻找同一行业内具有交易或债券评级的公司。比较这两家公司的一些比率可能表明这两种债券之间的风险差异。但是，由于财务比率可能未包含一些影响债券风险的因素，因此这有点不精确。确定无评级债券的风险需要对公司进行广泛的基础分析，并且所使用的方法不在本课程讨论的范围之内。

(4) 租约。企业可以租赁资产而不是借钱购买资产。租赁可以代替借款。如果公司租赁其资产，则该租赁可以视为另一个资本组成部分。其成本应包括在加权平均资本成本的计算中。确定租赁成本的方法超出了本课程范围。

9.3 权益成本

权益成本是公司普通股股东要求的回报率。

学习目标

使用各种方法计算和解释权益资本成本。

主要内容

要 点
- 权益成本可以使用资本资产定价模型方法、股息定价模型方法以及债券收益率加上风险溢价方法来计算。
- β 系数用于衡量一个新项目的风险与整个市场的风险。

重要名词
- 资本资产定价模型(Capital Asset Pricing Model)：描述资产的预期收益与其系统风险之间的关系。

权益成本 r_e 是企业普通股的要求收益率。估计股本成本是一个挑战，因为未来的现金流量在金额和时间方面都无法确定。

9.3.1 资本资产定价模型(CAPM)法

资本资产定价模型(CAPM)用于计算资产的预期收益率。该模型描述了资产的预期收益与其系统风险之间的关系。风险和预期收益的基本概念已在前面讨论。

学习目标

使用 CAPM 公式估算权益成本。

主要内容

要 点
- 无风险利率是指无违约风险的资产收益率。CAPM 模型中使用的无风险利率应为无风险资产的利率，其到期日应与我们使用 CAPM 模型确定其预期收益的资产到期日相称。
- 多因素模型使用多个风险因素来解释资产的预期收益。

重点名词
- 市场风险溢价/股权风险溢价(Market Risk-Premium/ Equity Risk-Premium)：相对于无风险利率，市场风险溢价/股权风险溢价是指投资者投资市场组合所需的额外收益。
- 多因素模型(Multifactor Model)：使用多个风险因素来解释资产或投资组合的预期收益。
- 系统性风险(Systematic Risk)：这种风险也被称为市场风险，指所有证券都面临的、无法分散的风险。
- 资本资产定价模型(Capital Asset Pricing Model)：该模型指出，资产的预期收益率由无风险利率加上风险溢价组成。风险溢价等于市场风险溢价(预期市场收益率减去无风险利率之差)乘以资产的系统风险(β 系数)，从而衡量资产相对于市场的系统风险。

CAPM 模型显示了资产的预期收益与其风险(尤其是系统风险)之间的关系。

$$E(R_i)=R_f+\beta_i[E(R_m)-R_f] \tag{9.4}$$

要计算预期收益,我们需要结合无风险利率 R_f、市场风险溢价的评估以及资产的系统风险(以系数 β_i 衡量)。

资本资产定价模型中变量的值可以按以下步骤估算:

步骤1:使用国库券(如 10 年期国库券)的收益率作为无风险利率 R_f。10 年期国债交易活跃,并且由于是政府发行可视为无违约风险。

步骤2:通过将股票的收益率与市场的收益率进行回归分析,可以估算出该股票的 β_i。通过各种方法来调整获得的价值,但是对这些方法的讨论超出了本课程的范围。

步骤3:通过将无风险利率与市场风险溢价相加,可以得出预期的市场收益率 $E(R_m)$。计算市场风险溢价的一种方法是使用历史平均值,另一种方法是从固定股息增长模型中抵消市场风险溢价。

【示例 4】

假设 $R_f=4\%$,$R_m=12\%$,并且桃子公司 β 系数为 1.5。请估算 Peach 公司的权益成本。

答案:

运用 CAPM 分析 Peach 公司的股票要求的回报率为:

$$R_e=4\%+1.5\times(12\%-4\%)=16\%$$

CAPM 方法的优点是它可以应用于不支付股息的公司,这是下面将要讨论的第二种方法所要求的。但是,CAPM 方法的缺点在于对权益成本的估计会对其计算中使用的变量值高度敏感。

9.3.2 股利贴现模型法

在股利贴现模型(DDM)中,公司股权的价值就是其未来股利支付的所有现值之和。

学习目标

使用固定股息增长模型估算权益成本。

主要内容

要　点

- CAPM 所需的股权风险溢价可以使用固定股息增长模式进行估算。
- 固定股息增长模型假设预期股息将以恒定速率 g 增长,该速度小于权益成本。
- 可持续增长率是股本回报率乘以收益留存率。

重点名词

- 固定股息增长模型:通常称为 Gordon 增长模型,以恒定速率增长的未来股息的净现值来对股票进行估值。
- 可持续增长率(SGR):是公司无借助外部股权或债务形式即可实现的最大增长速率。
- 收益留存率:留存率是公司为支持其增长而保留的留存收益占盈余的比重。该比率等于1减去支付比率。

1. 股利贴现模型

固定股息增长模型基于以下原则:公司股份的价值是贴现后的股息之和。该模型还假设股息以低于折现率的恒定速率增长,也就是说,股息与永续年金相似。

该模型也称为 Gordon 增长模型,它通过以下公式确定每股的价值:

$$P_0 = \frac{D_1}{r_e - g} \tag{9.5}$$

式中,P_0=股价,D_1=下期要支付的股息,r_e=股票的所需收益率,g=预期的股息增长率(假设 g 小于 r_e)。

通过重新排列等式中的各项,然后得出所需的股票收益率为:

$$r_e = \frac{D_1}{P_0} + g \tag{9.6}$$

该模型对于评估股息增长率较低且相对稳定成熟的公司股票很有用。它不适用于增长率可能高于所需股票回报率或增长率不固定的年轻公司。

2. 估计增长率

预期增长率 g 可以通过两种方式估算:
(1)使用金融数据服务(如彭博社)发布的预测增长率;
(2)使用净资产收益率与留存率的乘积。

$$g = ROE \times 留存率,或 g = ROE \times (1 - 支出比率) \tag{9.7}$$

在这个公式中,假设公司仅依靠其留存收益来为其增长提供资金。而预期增长率,也称为可持续增长率,是公司在不依靠外部融资的情况下可以维持的增长率。

3. 使用固定股息增长模型估算 r_e

【示例 5】

假设 Peach 公司的股票售价为 20 美元,而明年的预期股息为 1.50 美元,预期股本回报率为 12%,公司保留了一半的收益,那么其权益成本是多少?

答案:

根据 $g = ROE \times 留存率$ 得出:

$$g = 0.12 \times 1 - 0.5 = 0.06 = 6\%$$
$$r_e = (1.5 \div 20) + 0.06 = 0.135 = 13.5\%$$

9.3.3 因子模型法

在 CAPM 中,股票的预期收益率主要取决于一个风险因素:预期市场收益率。一些研究人员断言,通过纳入其他风险因素,可以改善 CAPM 模型对预期回报的预测。这种多因素模型包含一组系统性因素,可以更好地解释许多风险资产的平均收益。

学习目标

描述多因素模型的应用。

主要内容

要 点
- 套利定价模型（APM）是将预期收益与通过因素分析得出的各种系统因素相结合。
- 多因素模型结合了多种风险因素，这些因素可以是宏观经济的、基础的或统计的，以分析和解释资产价格。

重点名词
- 系统性风险（Systematic Risk）：市场固有的风险。
- 多因素模型（Multifactor Model）：多因素模型使用多个风险因素来解释资产或投资组合的预期收益。

1. 因子模型如何应用于权益成本

多因素模型是一种使用多个因素来确定资产的预期收益的财务模型。与 CAPM 唯一的风险来源是市场不同，多因素模型结合了可能来自多个宏观经济来源的市场外风险。

这种方法的优势在于，影响安全收益的系统风险是明确的，不会被包含在广泛的市场因素之下。这种方法使不同的股票对各种因素表现出不同的敏感性。

多因素模型是使用历史收益数据确定因素的数量和特点。

2. 套利定价模型（APM）

套利定价模型（APM）是将预期收益与系统性因素相结合。预期收益对每个因素的敏感性是与该因素特定的 β 相关的。该模型的公式与 CAPM 有点类似，只是我们用一组特定因子的 β 及其相关的风险溢价来代替市场 β 乘以市场风险溢价，如下所示：

$$E(R_i) = R_f \quad (9.8)$$

式中，R_f＝无风险利率，β_j＝因子 j 的贝塔系数，$E(R_j) - R_f$＝每单位因子 j 的风险溢价，k＝因子数量。

假设多因素模型中包含三个因素。变量的值如下所示：

无风险利率＝3%

因子 1 的风险溢价：$E(R_1) - R_f = 3\%$

因子 2 的风险溢价：$E(R_2) - R_f = 4\%$

因子 3 的风险溢价：$E(R_3) - R_f = 5\%$

针对 Pear 公司的每个因素的 beta 如下：

$b_1 = 1.5$

$b_2 = 0.8$

$b_3 = 1.0$

代入 APM 得出：

权益成本＝3%＋1.5×3%＋0.8×4%＋1×5%＝15.7%

3. CAPM 和 APM 的比较

由于 CAPM 仅具有一个风险因素，因此与 APM 相比，它是一种更简单的估计和使用模型。但是，由于某些公司可能对市场指数中未充分体现的经济因素敏感，因此 CAPM 的表现不及 APM。例如，石油公司的 CAPM 的贝塔系数较低，这是因为它们的风险来自油价变动。

APM 的主要缺点是该模型无法明确识别驱动预期收益的因素。

4. 其他多因素模型

APM 无法识别模型中的风险因素催生了其他模型，其中未识别的因素被宏观经济变量所取代。

Fama 和 French(FF)三因素模型是一种备受关注的多因素模型。该模型使用公司特征作为暴露于系统风险的代理。在此模型中，时间 t 的安全收益 i 由下式给出：

$$R_{it} = \alpha_i + \beta_{iM}R_{Mt} + \beta_{iSMB}SMB_t + \beta_{iHML}HML_t + e_{it} \tag{9.9}$$

式中，$SMB=$"小减大"（小股票投资组合的收益减去大股票投资组合的收益），$HML=$"高减低"（高账面价值的股票投资组合的收益减去低账面价值的股票投资组合的收益）。

9.3.4 债券收益率加风险溢价法

公司的股本成本的价值可以通过在其长期债务的到期收益率上增加风险溢价来确定。

学习目标

描述债券收益率加风险溢价方法的使用过程。

主要内容

要　点

- 这种方法的基本原理是，现金流量的风险越大，与之相关的收益就越高。债券比股票更安全，因为它们在股东面前享有优先付款的权利。
- 与债务相比，风险溢价弥补了股权的额外风险。
- 债券收益率加风险溢价方法的估计结果不如资本资产定价模型或现金流量贴现分析准确。

重点名词

- 风险溢价(Risk Premium)：获取公司股票相对于债券的额外收益。

在债券收益率加风险溢价法中，公司长期债务的市场收益会加上几个百分点的风险溢价。这种方法使用的概念是，由于股本比债务更具风险，因此公司的股本成本应高于其债券的收益率。因此，要找到股权成本，可以将风险溢价或公司股票相对于债券的额外收益添加到税前债务成本 r_d 上，如下所示：

$$r_e = r_d + \text{风险溢价} \tag{9.10}$$

通常使用债券收益率和股票收益率之间的历史价差估算该风险溢价。

假设 Peach 公司发行 10 年期债券，收益率为 5%，股票收益率和债券收益率之间的历史价差平均为 4%，则 Peach 公司的权益成本 r_e 为 5%＋4%＝9%。请注意，对股权成本的估算通常与基于其他模型（如 CAPM）的计算不同。这个过程反映了估算权益成本的困难。

9.3.5 国家风险溢价

国家风险溢价(CRP)是投资者要求的额外溢价，以补偿他们在国外投资带来的较高风险。

学习目标

了解 CAPM 方法中的国家风险溢价。

主要内容

要 点

- 发展中国家市场的国家风险溢价通常要比发达国家高。
- 国家风险溢价是由股指的波动率与债券指数的波动率之比调整后的主权收益率差。
- 有三种方法可以将国家风险溢价纳入 CAPM。这些方法在调整国家风险溢价的方式上有所不同。

重点名词

- 主权收益率差（Sovereign Yield Spread）：相同期限的两国政府债券的收益率之差。这两个国家之一通常是美国，因为其债券被认为接近无违约风险。

对海外公司进行投资会增加投资风险。与发达国家相比，发展中国家由于政治或经济稳定程度较低而给投资者带来了额外的风险。发展中国家公司的股本成本需要纳入国家风险溢价。

为了确定国家风险溢价，首先，我们需要计算主权收益率差，即发展中国家政府债券收益率减去发达国家政府债券收益率之差。然后，根据发展中国家股票市场的波动率与其主权债券市场的波动率之比来调整此点差，如下所示：

$$国家风险溢价 = 主权收益率差 \times \frac{股票指数的年化标准差}{基于发达国家货币的主权债券市场年化标准差} \quad (9.11)$$

纳入国家风险溢价的一种简单方法是将其添加到权益成本中，如下所示：

$$权益成本 = 无风险利率 + Beta(成熟市场风险溢价) + 国家风险溢价 \quad (9.12)$$

上面的方法有点简单，因为它假定了所有公司都具有相同的风险。

区分高风险公司和低风险公司的一种方法是根据公司的 β 系数来缩放国家风险溢价。我们假设低风险公司比高风险公司受国家风险的影响要小，则权益成本表示为：

$$权益成本 = 无风险利率 + Beta(成熟市场风险溢价 + 国家风险溢价) \quad (9.13)$$

一种更完善的方法是将国家风险溢价视为公司面临的一个风险因素。如果方程中该变量的系数为 lambda(l)，则权益成本表示为：

$$权益成本 = 无风险利率 + Beta(成熟市场溢价) + l(国家风险溢价) \quad (9.14)$$

9.4 优先股成本

优先股持有人要求的预期收益中的优先股成本。

学习目标

计算和解释不可赎回、不可转换的优先股成本。

主要内容

要　点
- 优先股股利是从税后现金流量中支付的。
- 与债券不同,优先股是一种混合证券,因为它在固定股息和股权特征方面具有债务特征且本金没有回报。

重点名词
- 不可赎回且不可转换的股票(Non-Callable and Non-Convertible Stock):不可赎回、不可转换的优先股是指优先于普通股股东获得股息的股票。公司无权赎回或回购股票。该优先股无权转换为普通股。
- 永续年金(Perpetuity):可以在无限长的时间内定期支付固定金额的证券。

优先股成本是优先股股东要求的回报,优先股股东在普通股股东之前获得固定股息的支付。

优先股的现金流是永续性的。优先股的估值为:

$$P_p = \frac{D_p}{r_p} \tag{9.15}$$

通过将增长率 g 设置为零,我们可以使用固定股息增长模型对优先股进行估值。重新排列以上等式,优先股的成本为:

$$r_p = \frac{D_p}{P_p} \tag{9.16}$$

与债务不同,税收没有调整。原因是优先股股息是从税后利润中支付的,而利息支付是减少应税利润的一种支出。

【示例 6】

假设 Peach 公司的优先股每股派发 2 美元的股息,该股票的价格目前为 40 美元,则 Peach 公司的优先股成本是多少?

答案:

根据 $r_p = \frac{D_p}{P_p}$ 得出:

$$r_p = \frac{2}{40} = 0.05 = 5\%$$

9.5　资本成本税

税收可以显著影响公司的加权平均资本成本(WACC)。

学习目标

讨论税收如何影响不同资本来源的资本成本。

主要内容

要 点
- 税收影响资本成本,因为公司和投资者都必须在其投资决策中考虑税收。
- 税收不影响普通股成本或优先股成本。
- 债务可作为税盾,因为利息支出可用于减少收入,从而减少已纳税额。
- 如果不能出于税收目的扣除利息,则适用的税率为零,因此债务的有效边际成本等于 r_d。

重点名词
- 债务边际成本(Marginal Cost of Debt):债务资本的边际成本是经税收调整的投资者要求的利率。

债务融资的边际成本是将债务利息的税收减免因素考虑在内的债务成本。如果不能出于税收目的扣除利息,则适用的税率为零,因此债务的有效边际成本等于 r_d。如果可以完全扣除利息,则债务的税收可抵扣性会将债务的有效边际成本降低到 $r_d \times (1-t)$。请注意,债务可以使某些收入免税,因为利息可以抵税。减少的税额被称为税盾。

假设一家公司有 1 亿美元的债务,如果票面利率为 5%,则应付利息为每年 500 万美元。这笔利息费用使收入减少了 500 万美元。节省的税款为税率乘以 500 万美元。债务的有效成本为 $r_d \times (1-t)$,其中 t 为适用的公司税率。如果公司的边际税率为 30%,则债务的有效成本为 $5\,000\,000 \times (1-0.3) = 350$ 万美元。

如果企业由于可扣除的金额限制而无法扣除利息费用,则 $r_d \times (1-t) = r_d$,因为 $t=0$。

9.6 组成部分权重

加权平均资本成本(WACC)是每个资本成分(权益、债务、优先股等)成本乘以其在资本结构中的权重之和。所使用的权重是基于市场价值的目标资本结构。

学习目标
讨论为什么 WACC 优先考虑的是市场价值而不是账面价值。

主要内容

要 点
- 股本、债务和优先股的市场价值应包含资本结构的目标资本结构,即获得新融资后的资本结构。除非以与现有资本结构相同的比例筹集资本,否则无法使用当前的资本结构。
- 使用市场价值是因为资本的市场价值包含了投资者要求的回报率。
- 通常,市场价值往往大于账面价值,因为账面价值不包含无形资产(如未来增长前景)。

重点名词
- 市场价值(Market Value)：资产的市场价值是资产的数量乘以价格。对于公司而言，是其流通股总数乘以价格或市值。
- 账面价值(Book Value)：公司的账面价值是资产负债表上的资产总值减去股票总值。

WACC 计算中的权重应基于公司的目标资本结构，该目标资本结构应包括公司期望随着时间推移实现的各种资本组成部分的比例。如果没有有关目标资本结构的信息，则使用现有资本结构。

【示例 7】
公司资本的市场价值如下：

负债(债券)	3 000 万美元
优先股	1 000 万美元
普通股	6 000 万美元
总资本	1 亿美元

根据其现有资本结构，公司的目标资本结构是什么？

答案：
代入公式，每一部分的权重为：
负债＝30/100＝30%
优先股＝10/100＝10%
普通股＝60/100＝60%

参考文献/拓展阅读

[1] Bodie Z, Kane A and Marcus A J(2020), *Investments*, 12th ed, McGraw-Hill Irwin, pp. 275—330.

[2] Reilly F, Leeds S & Brown K(2019), *Investment Analysis And Portfolio Management*, 11th ed, Cengage, pp. 209—248.

[3] Ross S, Westerfield R & Jordan B(2002), *Fundamentals Of Corporate Finance*, 6th ed, McGraw-Hill Irwin, pp. 493—524.

练习题

习题 1

如果公司的公司税率和无风险利率都降低，那么对 WACC 的影响是（　　）。（请单独考虑这些事件，并假设该公司的 Beta 值大于 1。）

税率降低	无风险利率降低
A. 降低 WACC	提高 WACC
B. 提高 WACC	提高 WACC
C. 提高 WACC	降低 WACC

习题 2

给定以下成本及组成部分，并按 40% 的公司税率计算 WACC，WACC 为（　　）。

项目	成本	数量
长期负债	4%	4 000 万美元
优先股	5%	1 000 万美元
普通股	10%	5 000 万美元

A. 4.26% B. 6.46% C. 7.10%

习题 3

在计算 WACC 时,通常会将税额调整应用于( )成本。

A. 债务 B. 普通股 C. 留存收益

习题 4

股本成本可以使用以下三种方法进行估算:CAPM 法、固定股息增长模型法以及债券收益率加风险溢价法。权益成本的数据估算如下:

无风险利率=2%

税前债务成本=5%

预期市场回报=10%

Beta=1.2

当前股价=40 美元

明年股息=3 美元

股息增长率=4%

高于债务的风险溢价=6%

三种方法的平均股本成本最接近( )。

A. 11% B. 11.4% C. 12%

习题 5

根据以下数据计算 WACC 为( )。

债务成本=5%

优先股成本=8%

股本成本=12%

未偿还债券数量=20 000

债券面值=1 000 美元

债券价格=105%

优先股数量=1 000 000 股

优先股价格=15 美元

普通股数量=100 000 股

普通股价格=200 美元

税率=40%

A. 7.55% B. 7.66% C. 8.30%

习题 6

公司的加权平均资本成本可能取决于公司的( )。

A. 股息增长率和负债-股本比率

B. 负债-股本比率和无风险利率

C. 股息增长率、负债-股本比率和无风险利率

习题 7

(　　)情况下使用当前资本成本来折现资本预算中的现金流量是有效的。

A. 资本结构不重要

B. 公司不打算发行更多债务

C. 项目的风险与公司的整体风险相当

习题 8

在计算加权平均资本成本时,资本结构权重不取决于(　　)。

A. 债务的市场价值　　　B. 权益的市场价值　　　C. 权益的账面价值

习题 9

Peach 公司明年将派发 2.00 美元的股息。它的股价为 40 美元,支付率为 40%,股本回报率为 10%。若使用固定股息增长模型,则 Peach 公司的股本成本最接近(　　)。

A. 9%　　　　　　　　B. 11%　　　　　　　　C. 13%

习题 10

根据以下数据,系统要求您计算 Y 国的国家风险溢价:

  Y 国的 10 年期国债利率=6%

  美国 10 年期政府债券收益率=3%

  Y 国债指数的标准差=30%

  美国国债指数的标准差=20%

Y 国的国家风险溢价最接近(　　)。

A. 4.0%　　　　　　　B. 4.5%　　　　　　　C. 6.0%

参考答案

习题 1

答案:选项 C 是正确的。

债务利息减少了公司的应税收入。降低税率将减少节税,这是由于税率降低,企业会减少缴纳的税款,使债务成本增加,导致较高的 WACC。假设两个组成部分的风险溢价保持不变,则无风险利率的降低将同时降低股权成本和债务成本,WACC 会相应减少。

习题 2

答案:选项 B 是正确的。

$$WACC = 4 \times (1-0.4) \times \frac{40}{100} + 5 \times \frac{10}{100} + 10 \times \frac{50}{100} = 6.46\%$$

习题 3

答案:选项 A 是正确的。

利息是可以从应纳税所得额中扣除的费用。债务成本因较低的应付税款而降低。股息从税后利润中支付。留存收益是未支付给股东的税后利润。由于股息和未分配利润均来自税后利润,因此无须进一步调整税收。

习题 4

答案：选项 B 是正确的。

CAPM 法：$r_e = 2\% + 1.2 \times (10\% - 2\%) = 11.6\%$

固定股息增长模型法：$r_e = D_1/P_0 + g = 3 \div 40 + 4\% = 11.5\%$

债券收益率加风险溢价法：$r_e = 5\% + 6\% = 11\%$

3 种方法的平均值：$(11.6\% + 11.5\% + 11\%) \div 3 = 11.37\%$

习题 5

答案：选项 A 是正确的。

债务价值 $= 20\,000 \times 1\,000 \times 1.05 = 2\,100$（万美元）

优先股价值 $= 1\,000\,000 \times 15 = 1\,500$（万美元）

普通股价值 $= 100\,000 \times 200 = 2\,000$（万美元）

公司总价值 $= (21 + 15 + 20) \times 1\,000\,000 = 5\,600$（万美元）

$\text{WACC} = (5\% \times 0.6 \times \frac{21}{56}) + (8\% \times \frac{15}{56}) + (12\% \times \frac{20}{56}) = 7.55\%$

习题 6

答案：选项 C 是正确的。

固定股息增长模型需要股息增长率，权重需要债务权益比率，CAPM 模型需要无风险利率。

习题 7

答案：选项 C 是正确的。

用于折现项目现金流量的适当利率必须与项目风险相称。

习题 8

答案：选项 C 是正确的。

公司资本组成部分的市场价值可用于计算权重。

问题 9

答案：选项 B 是正确的。

增长率 $= (1 - 支付率) \times 股本回报率 = (1 - 0.4) \times 10\% = 6\%$

$r_e = \dfrac{D_1}{P_0} + g = \dfrac{2}{40} + 0.06 = 11\%$

习题 10

答案：选项 B 是正确的。

主权债券利差 $= 6\% - 3\% = 3\%$

Y 国的国家风险溢价 $= 3\% \times \dfrac{30}{20} = 4.5\%$

第 10 章 资本预算

10.1 资本预算流程

10.1.1 资本预算的介绍与流程

资本预算是评估公司是否应该投资于项目的过程。

学习目标

了解资本预算的程序及其方法。

主要内容

要　点
- 资本预算旨在决定是否应进行一项长期投资。
- 资本预算的标准方法包括净现值法（Net Present Value）、内部报酬率法（Internal Rate of Return）、投资回收期法（Payback Period）和获利指数法（Profitability Index）。
- 资本预算原理也可以应用于其他金融领域，如租赁、兼并与收购以及证券估值的决策。

重点名词
- 资本投资（Capital Investments）：如新建筑物、新机械设备、新厂房、研发项目等长期固定资产投资。
- 相互排斥（Mutually Exclusive）：如果两个项目是相互排斥的，则只能选择其中一个项目。
- 修正后内部报酬率（Modified Internal Rate of Return，MIRR）：内部报酬率（IRR）用于假设中间现金流可以进行再投资，修正后内部报酬率（MIRR）则用于这一假设失效时。MIRR 用于假设中间现金流可以以某种报酬率进行再投资，这一报酬率通常是资金的机会成本。该方法将所有中间现金流以假定利率复合到项目期末，期末复合现金流与项目初始投资的总和可用于确定复利报酬率，即 MIRR。

公司使用资本预算方法帮助其进行长期投资决策。选择好的投资是很重要的，因为涉及大量金额投入,且投资结果会影响到公司的成败。

资本预算所适用的估值工具与用于评估股票和债券的估值工具非常相似,这些工具有助于判断租赁、兼并收购其他公司、设备或建筑物的决策是否有效。

资本预算程序适用于生成投资提案或想法、基于现金流评估的项目提案以及对项目的监测。此模块不包括投资想法的生成,因为这不在本课程范围内。

在投资提案被接受后,项目得以启动。第一步是生成项目相关的现金流,我们将在下一节中讨论如何实现。

第二步是使用各种资本预算方法评估现金流,以决定是否应该继续推进项目。

一旦项目开始,下一阶段就是监测项目,包括将项目的实际结果与投资提案的预测结果进行比较。

最后一步的决策包括是否继续该项目、是否需要战略变动或战略修正,还可能涉及是否增减项目规模。此步骤并不在本课程范围内。

10.1.2 资本预算的基本原则

资本预算仅依赖于公司用于资本项目投资决策的几个基本原则。

学习目标

描述资本预算中现金流估算的基本原则。

主要内容

要　点

- 仅考虑基于机会成本的税后现金流。
- 传统的现金流包括项目期初的现金流出和随后的现金流入。非传统现金流不符合传统现金流的模式,如在项目开始后几年内均可能存在现金流出,一个极端的例子是项目根本没有现金流入,只有现金流出。
- 决策基于增量现金流,而非会计利润。
- 不考虑沉没成本。

重点名词

- 机会成本(Opportunity Cost):一个人进行的投资项目,与其选择不进行的投资项目之间的回报差。
- 沉没成本(Sunk Cost):沉没成本是已经发生的,故而在决策是否进行某项目时不应将其包括在内。
- 增量现金流(Incremental Cash Flow):增量现金流是开展项目产生的额外现金流,是项目产生的现金流减去项目未进行时现金流的差额。
- 外部性(Externality):外部性是指除项目现金流之外对公司现金流的影响,公司其他部分的现金流可能会受到正面或负面影响。外部因素应纳入资本预算决策。

资本预算的基本原则如下:

(1)现金流的使用。决策应基于现金流而非会计利润。资本预算决策中的现金流是增量现金流,即项目得以实施将会产生的额外现金流。

沉没成本不是增量现金流,因为这些成本已经产生,是否开展项目并不会影响沉没成本量,因此应被排除在分析之外。沉没成本的常见例子包括为新产品的市场研究、财产潜在用途的调研而支付的费用。仅因成本与项目相关并不意味着它应被包含在资本预算决策中,资本预算成本是指因且仅因项目实施而产生的成本。

外部性是由项目被接受而对公司其他现金流造成影响而产生的。正外部性是项目对公司其他领域产生的有益影响;负外部性则是项目对公司其他部分产生的不利影响。负外部性是有侵蚀效应的,当新项目从现有产品中吸走销售量时,即发生了侵蚀效应。例如,当一家公司推出低糖版早餐谷物时,随着一些注重健康的消费者转向低糖版本,现有谷物的销量将会减少。

项目的现金流模式分为两类:传统和非传统。传统的现金流模式包括项目期初的现金流出(负号)与随后的一系列现金流入(正号),具有传统现金流模式的项目只有一个符号转变。非传统现金流模式具有多个或根本没有符号转变。具有非传统现金流的项目的一个例子是,项目期初现金流为负,随后几年为正现金流(最后一年除外,现金流为负)。该模式是一些采矿项目的典例,在项目期末需要支付费用来修复矿场及其周围的环境,这种现金流模式拥有第一年年末由负转正、项目期末由正转负两个符号的转变。

(2)机会成本。现金流是基于机会成本的。机会成本指的是公司在接受项目时所放弃的替代现金流。机会成本是项目成本的一部分。例如,一家公司拥有一些目前无人占用的办公空间,如果新项目要利用该空间,则有些人可能会因公司已经拥有该空间而认为成本为零。但接受该项目,意味着公司需要放弃将空间租给其他人,而放弃的租赁费用便是空间的机会成本,理应作为项目成本的一部分被纳入考虑。

(3)现金流的时机。由于项目现金流发生在几年间,因而这些现金流发生的时机非常重要。根据货币的时间价值,后期收到的相同金额的现金流的价值会低于早期收到的现金流的价值。资本预算决策使用贴现现金流。

(4)税。现金流是基于税后分析的,因为费用的实际成本并非支付金额。相反,费用是免税的,费用的实际成本是实际费用的$(1-t)$倍,其中 t 为公司税率。其原因是,1美元的费用减少了1美元的可征税利润,这意味着需要支付的税减少了$(1×t)$美元,额外的 1 美元收入并不完全归于公司,需要纳税,1美元收入的税后现金流为 $1×(1-t)$ 美元。

(5)融资成本。融资成本不应计入项目费用,因为当我们想计算贴现现金流现值时,我们会默默将融资成本纳入考虑。请注意,只有当项目的预期回报超过所需回报时,公司的价值才会增加。

10.1.3 资本预算项目分类

公司通常将资本预算项目分类为不同类别,以便对类似的项目进行一致分析。

学习目标

解释不同类型的分类,特别是相互排斥性、资本限额和项目排序会如何影响资本预算项目的评估和选择。

主要内容

要　点
- 当不同项目间存在相互作用时,资本预算的现金流分析将变得更加复杂。
- 整数规划法解决了资本限额情况。在该情况下,整数规划会选择产出最高净现值但维持在资本预算内或可用投资金额内的项目组合。

重点名词
- 资本限额(Capital Rationing):公司可投资项目比可用资金多的情况,为此公司可能会放弃一些正净现值的项目。
- 净现值(Net Present Value):项目所有现金流的现值总和,无论是现金流入还是现金流出。用于贴现现金流的比率与项目的风险相称。
- 股东价值(Shareholder Value):公司股权所有者的股份价值。股价的变化反映了股东价值的变化,可能源于管理层的战略和行动。

1. 资本预算项目的类型

资本预算项目可分为四类。

(1)更换项目(Replacement Projects)。购买新机器以取代旧机器并不是一个复杂的决定。根据其现金流,该项目并无太多不确定性,除非涉及截然不同的技术。

(2)扩充项目(Expansion Projects)。与重置计划相比,此类项目的现金流将更具不确定性。不确定性包括新客户的接受和竞争者努力保护其市场份额的反应。

(3)新产品与服务(New Products and Services)。此类项目的依据是产品或服务的市场接受度,最具有不确定性。这表明了企业推出新产品的高失败率。

(4)监管、安全和环境项目(Regulatory, Safety, and Environmental Projects)。此类项目通常是出于监管要求而开展的。随着气候变化和空气污染加剧,许多城市开始聚焦这类重大问题,公司不得不投资于高成本的绿色技术。这类项目通常会导致现金流出与很少的现金流入(如果有现金流入的话)。

2. 互斥项目和资本配额

(1)独立项目与互斥项目。独立项目是彼此无关的项目。当项目独立,不考虑其他项目的话,即可做出接受决策。

项目互斥指接受一个项目意味着无法接受其他项目。例如,两个项目若分别独自评估,均是可接受,但因两项目互斥,公司就只能接受其中一个项目,而非同时接受两个项目。再如,公司可以选择在其拥有的土地上建造电影院或健身俱乐部,两者均为可行选项,但因项目是互斥的,所以该公司只能选择一个。

(2)资本配额。当公司发现自己拥有比可用资金更多的可行项目时,便会发生资本配额情况。一个简单的解决方案是根据获利指数对项目进行排序,公司选择先从获利指数最高的项目开始承接,其次为获利指数次高的项目,以此类推直到资金耗尽。但该方法可能并非最佳方案,更好的方法是被称为"整数规划"的方法,它选择不超可用资金但产出最高总净现值的项目组合。

10.2 资本预算的方法以及优缺点

10.2.1 资本预算方法

资本预算方法能帮助我们确定一个项目是否值得投资。

学习目标

计算并使用净现值、内部报酬率、投资回收期和获利指数等方法以评估单个资本项目的结果。

主要内容

要 点
- 资本预算方法通过使用不同方法对投资提案进行排序分析。
- 起点是确定资本预算决策的投入。
- 每种方法我们都需要理解其经济学原理及实践中的优势和局限性。
- 始终优先选择增加公司价值的资本预算项目。
- 项目的经济可行性验证,用于以项目必要回报率贴现现金流、现金流入的现值超过其现金流出的现值时。

重点名词
- 最低回报率(Hurdle Rate):项目要被接受则必须超过的回报率。
- 贴现现金流(Discounted Cash Flow,DCF):以必要回报率对项目的现金流进行贴现,并将该项目的现金流入的现值总和与现金流出的现值综合进行比较。若现金流入的现值总和超过现金流出现值总和,则接受该项目。

评估资本投资有几种方法,决定接受或拒绝项目的两种最常用方法是净现值(NPV)法和内部报酬率(IRR)法,其他四种方法有投资回收期法、贴现投资回收期法、平均会计收益率(AAR)法和获利指数(PI)法。

要决定各种项目的投资价值,我们需要从以下几点投入。

(1)初始投资。初始投资是项目的成本,成本通常涉及大量前期费用,例如为建造新工厂的土地购买运营所需设备。

(2)经营现金流。经营现金流是指与项目期间每年重复产生的收入与成本相一致的现金流,来自项目试算损益表。

(3)期末现金流。期末现金流是指项目最后一年发生的现金流,包括机器出售与营运资本回报。

(4)贴现率。贴现率是用于贴现现金流以求其现值的比率。

(5)决策规则。决策规则指建议哪些项目应被接受或拒绝的规则。

10.2.2 投资回收期方法

投资回收期方法用于衡量收回初始投资所需的时间。

学习目标

定义并计算投资回收期。

主要内容

要　点
- 若投资回收期小于某个截止期,则接受项目。
- 其他条件相同,更短的投资回收期优于更长的投资回收期。
- 投资回收期法的缺点是忽略了货币的时间价值,未考虑超过投资回收期的现金流。
- 当流动性为重要考虑因素时,通常使用投资回收期法。从某种意义上说,投资回收期考虑了投资风险,因为项目期限越长,未来现金流的不确定性就越大。

重点名词
- 投资回收期(Payback Period):收回投资资金所需的时间。
- 货币的时间价值(Time Value of Money,TVM):货币的时间价值是基于现在收到的1美元比未来收到的等值1美元更有价值这一概念。因为今天收到的美元被用于投资时会赚取利息或收益,故而在未来其金额将超过届时收到的美元。
- 累计现金流(Cumulative Cash Flow):自项目启动以来,所有与项目相关的现金流总和。

1. 投资回收期

投资回收期是收回项目投资所需年数。回收是基于现金流的。假设你在一个项目上投资了1 000万美元,则需要多长时间才能收回全部初始投资呢?方法是加入现金流入,直至金额等于或刚刚超过项目初始投资,发生该情况所花费的时间即为投资回收期。决策规则为:若投资回收期小于某个截止期,则接受项目。

2. 投资回收期计算示例表

现金流样本　　　　　　　　　　　　　　　　　　　　　　　单位:千美元

年　份	0	1	2	3	4	5
现金流	−5 000	1 000	1 500	2 000	2 500	3 000
累　计		1 000	2 500	4 500	7 000	10 000
未偿还	5 000	4 000	2 500	500	0	

上表显示了一家公司连续五年的现金流。该公司在第一年收回了100万美元投资;第二年又收回了150万美元,迄今已收回250万美元,还有250万美元尚未收回;第三年现金流入200万美元,只余50万美元待收回。由此可见,该公司于第3年至第4年收回了初始

投资,3 年后剩 50 万美元投资未收回。由于第 4 年现金流为 2 500 千美元,因此在第 3 年之后需 0.2 年(500/2 500)才能完全收回投资,结果是投资回收期为 3.2 年。

3. 投资回收期法的优缺点

表 10.1 显示了投资回收期法的优缺点。投资回收期法的一个关键优点是易于理解,其他资本预算方法可能更难以向金融知之甚少的人解释。项目的风险被该方法偏向流动性这一特点部分解释,即在项目投资的回收中,相比于之后的现金流,更强调早期的现金流。流动性有限的公司往往倾向于投资回收期法。

表 10.1　　　　　　　　　　　投资回收期法的优缺点

序　号	优　　点	缺　　点
1	易于理解	忽略货币的时间价值
2	针对以后现金流的不确定性进行调整	需要主观的截止期
3	偏向于流动性	忽略截止日之后的现金流
4	—	对长期项目的偏见

投资回收期的一个主要缺点是忽略了截止期之后的现金流,忽视这类现金流会导致对短期项目的偏向,并以获利性可能更好的长期项目作为代价。另一个缺点是,1 美元的现金流不论何时收到均具有相同的权重,货币的时间价值未纳入计算考虑。最后,如何确定截止期可以说是完全主观的,而非基于完备的经济学原理。

10.2.3　贴现投资回收期法

贴现投资回收期法是投资回收期法考虑了货币时间价值的修改版本。

学习目标

使用贴现现金流计算贴现投资回收期。

主要内容

要　点

- 贴现投资回收期法(DPP)克服了认为投资回收期因未考虑货币时间价值而有缺陷的反对意见,通过在计算贴现投资回收期时使用贴现现金流以改善投资回收期法。
- 由于贴现投资回收期法(DPP)使用贴现现金流,而投资回收期并不使用,因此贴现投资回收期将比同一套现金流的投资回收期长。
- 贴现投资回收期法(DPP)考虑了贴现期内的货币时间价值与流动性风险,但忽视了贴现期后的现金流。
- 类似于投资回收期法,贴现投资回收期法(DPP)也被用于衡量流动性。

重点名词

- 贴现投资回收期(Discounted Payback Period):贴现投资回收期是基于贴现现金流的收回投资所需的时间。

贴现投资回收期法(DPP)使用贴现现金流,而投资回收期不用。由于现金流的贴现价值低于不贴现时,贴现投资回收期(DPP)必定比同一套现金流的投资回收期长。决策规则为:如果贴现投资回收期小于某个截止期,则接受项目。

在计算上述投资回收期时,我们使用与计算贴现投资回收期相同的现金流,并使用10%的贴现率求现值。第0—5年贴现现金流如表所示:

第0—5年的贴现现金流

年 份	0	1	2	3	4	5
现金流(CF)	−5 000	1 000	1 500	2 000	2 500	3 000
累计现金流	−5 000	−4 000	−2 500	−500	2 000	5 000
贴现现金流	−5 000	909	1 239	1 503	1 708	1 863
累计贴现现金流	−5 000	−4 091	−2 852	−1 349	359	2 222

贴现投资回收期出现在第3年至第4年,即:3+[0−(−1 349)]÷[359−(−1 349)]=3+1 349÷1 708=3.79。相比之下,投资回收期为3.2年。

虽然贴现回收期法通过考虑货币的时间价值从而改善了投资回收期法,但仍保留了投资回收期法的其他缺点,包括主观的截止期以及未考虑贴现投资回收期后的现金流。

10.2.4 净现值法

净现值(Net Present Value,NPV)是项目的现金流入现值减去现金流出现值。

学习目标

计算净现值并说明净现值的一系列计算。

主要内容

要 点

- 当项目的NPV为正且项目正在进行时,公司的股东价值会增加净现值量。
- 用于贴现现金流的比率应与项目风险相称。
- 令NPV等于0的贴现率称为内部收益率。

重点名词

- 贴现率(Discount Rate):用于贴现未来现金流的利率,以找到现值。
- 内部收益率(Internal Rate of Return,IRR):使所有未来现金流的净现值为零的投资回报率。

1. 计算净现值

项目的净现值是通过从现金流入的现值总和中减去现金流出的现值总和得出的。对于传统项目,现金流模式是初始现金流出(初始投资)与随后一系列现金流入。在这种情况下,NPV由下式给出:

$$\text{NPV} = \sum \frac{CF_t}{(1+r)^t} - 初始投资 \tag{10.1}$$

式中，$CF_t = t$ 时的税后现金流入，$r =$ 投资的必要回报率。

若并非传统项目，即初始投资后仍有现金流出，则净现值为所有现金流现值总和。净现值由下式给出：

$$\text{NPV} = \sum \frac{CF_t}{(1+r)^t} \tag{10.2}$$

式中，$CF_t = t$ 时税后现金流，$t = 0$ 到 T，$r =$ 投资的必要回报率。

NPV 法的决策规则为：若 NPV 大于零，则接受项目。投资一个正 NPV 项目预计将增加股东财富，承接负 NPV 项目则会减少股东财富。

【示例 1】

Star 公司正在研究给一个项目投资 1 亿美元的可行性。该项目将在三年内每年提供 2 500 万美元的税后现金流，并在接下来两年每年提供 3 000 万美元。如果必要回报率为 12%，那么请计算 NPV。

答案：

$$\begin{aligned}\text{NPV} &= \frac{25}{1.12^1} + \frac{25}{1.12^2} + \frac{25}{1.12^3} + \frac{30}{1.12^4} + \frac{30}{1.12^5} - 100 \\ &= 96.13 - 100 \\ &= -387(万美元)\end{aligned}$$

按现值计算，该投资的价值为 9 613 万美元，基于此，我们考虑 1 亿美元的投资。该项目的净现值是投资价值和成本之间的差额，该情况下为 －387 万美元，即 NPV＝－387 万美元，由于净现值为负，不应进行该项目，若实施则将减少 387 万美元的股东价值。

2. NPV 法的优缺点

表 10.2 显示了 NPV 模型的优缺点。

表 10.2　　　　　　　　　　　　　NPV 模型的优缺点

序　号	优　势	缺　点
1	考虑所有现金流	可能难以传达 NPV 的概念
2	考虑货币的时间价值	—
3	考虑风险	—
4	与股东财富最大化相一致	—

10.2.5　内部收益率法

内部收益率（IRR）是令现金流入现值等于初始投资的贴现率。

学习目标

定义并计算内部收益率。

主要内容

要　点

- 当项目内部收益率(IRR)超过必要回报率时,公司应进行项目。
- IRR 假设所有现金流入都以项目的内部收益率进行再投资。
- 对于非传统项目,即在初始投资后出现现金流出的项目,可能会产生多个 IRR。
- 在有关独立项目的接受或拒绝的决策中,IRR 法和 NPV 法能给出一致的结果。但对于互斥项目,IRR 法和 NPV 法可能会给出相互矛盾的排序结果。

重点名词

- 必要回报率(Required Rate of Return):项目与其风险匹配时应得的回报。
- 内部收益率 (Internal Rate of Return,IRR):导致所有现金流的净现值为零的投资报酬率。
- 独立项目(Independent Project):对于独立项目,是否承接项目的决策取决于是否符合验收标准,如净现值大于零,做出该决策时无须考虑其他替代项目。
- 互斥项目(Mutually Exclusive Projects):如果接受一个项目意味着拒绝另一个项目,则两项目互斥。

1. 计算内部收益率

内部收益率(IRR)是令现金流入现值总和等于现金流出现值总和的贴现率。即:

$$PV(现金流入) = PV(现金流出)$$

由于 NPV 是两个量之差,IRR 也是贴现率,使得项目的 NPV 等于零,如下所示:

$$NPV = \sum \frac{CF}{(1+IRR)^t} - 初始支出 = 0 \tag{10.3}$$

内部收益率使用财务计算器或电子表格程序(如 Excel)中的金融函数进行计算。

内部收益率的决策规则为:只有在内部收益率大于必要回报率的情况下,才接受项目。

我们使用 Star 公司在 NPV 法部分的现金流来说明内部收益率计算。内部收益率是实现以下等式的贴现率:

$$-100 + \frac{25}{(1+IRR)^1} + \frac{25}{(1+IRR)^2} + \frac{25}{(1+IRR)^3} + \frac{30}{(1+IRR)^4} + \frac{30}{(1+IRR)^5} = 0$$

通过财务计算器或 Excel 电子表格计算的 IRR 为 10.485%,由于该比率低于 12% 的必要回报率,故而应拒绝该项目。

2. IRR 法的优缺点

表 10.3 显示了 IRR 模型的优缺点。

表 10.3　　　　　　　　　　　　　　IRR 模型的优缺点

序号	优　点	缺　点
1	与净现值法密切相关	项目可能具有多个 IRR 值
2	对于具有传统现金流的项目,其决策与 NPV 法相同	在比较互斥项目时,可能导致错误的决策
3	易于理解和沟通	—

10.2.6 获利指数

获利指数是现金流入现值与现金流出现值之比。

学习目标

计算并解释获利指数。

主要内容

要　点
- 获利指数与净现值(NPV)密切相关。
- 若 NPV 为正,则获利指数大于 1;负 NPV 与小于 1 的获利指数相对应。
- 只有在获利指数大于 1 的情况下,投资者才应投资项目。
- 获利指数为 1 表示项目收支平衡。

重点名词
- 获利指数(Profitability Index,PI):获利指数是项目现金流入现值除以现金流出现值。
- 净现值(Net Present Value,NPV):项目的净现值是现金流入现值总和减去现金流出现值总和。

获利指数(PI)是项目现金流入现值除以现金流出现值。如果我们处理的是一个传统项目,那么现金流出只为初始投资,故而 PI 可以表示为:

$$PI = \frac{PV\ 现金流入}{PV\ 现金流出} = 1 + \frac{NPV}{初始投资} \tag{10.4}$$

获利指数的决策规则为:若 PI 大于 1,则接受项目。获利指数和净现值密切相关,因为它们都使用现金流入现值和现金流出现值。PI 使用两个量的比例,而 NPV 则给出了两个量之间的差值。因此,NPV>0,意味着 PI>1;NPV<0,意味着 PI<1。

我们可以将 PI 和 NPV 之间的关系扩展并涵盖 IRR。NPV>0,意味着 PI>1 且 IRR>必要回报率;NPV<0,意味着 PI<1 且 IRR<必要回报率;当 IRR=必要回报率时,NPV=0 且 PI=1。

PI 表示每美元投资的价值。当公司面临资本限额时,PI 法可被用作一种选择投资项目的快速方法。我们通过选择最高 PI 值的项目、继而选择第二高 PI 值的项目,以此类推直至资金耗尽。然而,此种选择项目的方法可能并不理想,一种更复杂的方法是使用整数规划,但该种方法超出了本课程范围。

PI 法有时称为成本收益比,常被非营利组织使用。

我们使用 Star 公司现金流来计算 PI。现金流入现值为 9 613 万美元,初始投资为 1 亿美元,则 PI 如下计算:

$$PI = \frac{PV\ 现金流入}{初始投资} = \frac{96.13}{100} = 0.961\ 3$$

PI 也可以计算为:

$$PI = 1 + \frac{NPV}{初始投资} = 1 + \frac{-3.87}{100} = 0.9613$$

由于 PI<1,故而该项目应被拒绝。

表 10.4 显示了 PI 模型的优缺点。

表 10.4　　　　　　　　　　　　　　PI 模型的优缺点

序 号	优 点	缺 点
1	与净现值密切相关	在比较互斥项目时,可能导致错误的决策
2	易于理解和沟通	—
3	可用资金有限(资本限额)时会很有用	—

10.2.7　NPV 法与 IRR 法

NPV 法和 IRR 法是两种使用最广泛的资本预算方法,每种方法都有其明显的优缺点。

学习目标

在评估独立和互斥项目时,解释净现值曲线并比较 NPV 法和 IRR 法。描述与 IRR 法相关的问题。

主要内容

要　点

- NPV 法在减去成本后以美元金额衡量投资回报,而 IRR 法按百分比给出投资回报。
- 采用 NPV 法时,项目的主要考虑因素是产生的 NPV,而不考虑投资成本,NPV 较高的项目排序优于 NPV 较低的项目。相比之下,IRR 以回报率衡量投资的吸引力,但对项目的排序忽略了每个项目带来的价值。
- 当项目使用 IRR 法和 NPV 法排序时,可能会发生排名冲突。这种冲突是由于项目规模和现金流时机不同导致的。

从理论角度看,NPV 法是最合理的。使用 NPV 法评估项目的一个隐含假设是,公司有足够的资金承担所有可行项目。但在资金有限的情况下,可以选择低 NPV 的项目,而非高 NPV 的项目,因项目成本被考虑在内,目标是在预算限制范围内最大限度地提高项目组的 NPV。

虽然 IRR 法按百分比衡量获利能力,体现了每美元投资的回报,但它未考虑到每个项目传递的价值。IRR 法的一项有用功能是提供 NPV 法未能提供的安全边际信息,IRR 值与项目必要回报之差表明了在项目变为不可行前项目回报会下降多少,即负 NPV 的结果。

问题 1:现金流时机

我们考虑两个项目,每个项目初始投资为 3 000 美元,必要回报率为 10%。每个项目的相关现金流如表所示:

两个项目相关现金流　　　　　　　　　　单位：美元

年　份	项目 A	项目 B
0	−3 000	−3 000
1	1 000	0
2	1 000	0
3	1 000	0
4	1 000	0
5	1 000	7 000
NPV	790.79	1 346.45
IRR	19.86%	18.47%

当我们检查两个项目的 NPV 值和 IRR 值时，我们会注意到排序存在冲突。根据 IRR 法，A 项目因其 IRR 值高于 B 项目，故而是首选项目；但基于 NPV 法，顺序又相反：B 项目的 NPV 值高于 A 项目。这种排名的逆转给决策者带来了两难境地：应该进行哪个项目？

如果选择 A 项目，则公司价值增加了 790.79 美元。但是，如果选择 B 项目，则公司价值将增加 1 346.45 美元。由于财务经理的目标是最大化股东的财富，因此应该选择 B 项目，它能产生更多的价值。

问题 2：项目规模

除现金流时机差异外，排名冲突还源于项目规模差异。我们通过考虑两个项目来说明这个问题。第一个项目有 100 万美元的投资成本，而第二个项目需 200 万美元的投资。我们可以预期更大项目产生更高 NPV 值，但也可想而知，较小的项目具有更高的 IRR 值。

这类冲突是可以解决的，因项目资金并非争议问题。在这种情况下，应接受具有较大 NPV 的项目。然而，使用 NPV 法的另一个原因是对项目现金流入的再投资率假设，NPV 法假设这些现金流按必要回报率进行再投资。这一假设比 IRR 法中的再投资率假设更合理，因为 IRR 法假设现金流入可按与 IRR 相同的回报率进行再投资，这并不现实，毕竟只有项目本身才能提供 IRR 中隐含的回报。

10.2.8　独立项目和互斥项目(NPV 法对比 IRR 法)

在互斥项目中，NPV 法和 IRR 法的排序可能会发生冲突。

学习目标

在评估独立项目和互斥项目时，理解并应用 NPV 和 IRR。

主要内容

要　点

● 互斥项目可以根据 NPV 法进行排序，基于其他方法的排序并不一定能最大化公司价值。
● 独立项目是指接受一个项目的决策不影响其他项目的决策。

- 在互斥项目中,可能会出现 NPV 和 IRR 冲突,其中一个项目的 NPV 较高,而另一个项目的 IRR 较高。
- 由于 IRR 法有几个限制,因此应采用 NPV 法来选择互斥项目。

重点名词
- 再投资率(Reinvestment Rate):投资者可用投资所获现金流进行再投资的比率。

NPV 法和 IRR 法所提供的排序可能发生冲突,此时可以通过独立项目和互斥项目案例来解决。

独立项目的投资决策不需要考虑其他项目。在传统项目的投资决策中,NPV 法和 IRR 法之间没有冲突,两种方法均给出了相同的决策结果。然而,这两种方法之间的冲突可能产生于互斥项目,下一节将使用净现值曲线对此进行说明。

10.2.9 净现值曲线(NPV 法对比 IRR 法)

项目的净现值曲线是绘制贴现率变化时项目净现值的图表。

学习目标

理解净现值曲线的概念。

主要内容

要点
- 导致项目净现值(NPV)为零的贴现率是内部收益率(IRR)。在项目的净现值曲线上,这种情况发生在图形与水平轴相交时。
- 令两个项目的 NPV 相等的贴现率称为交叉率。
- 随着贴现率的提高,净现值曲线下降。
- 坡度陡峭的净现值曲线表明,相比于坡度较低的净现值曲线,该项目的净现值对贴现率变化更敏感。

重点名词
- 贴现率(Discount Rate):用于贴现项目未来现金流的利率。

项目的净现值曲线是绘制贴现率变化时项目净现值的图表。当净现值随着贴现率增加而减少时,净现值曲线向下倾斜。图 10.1 显示了项目 B 和项目 C 的净现值情况。

净现值曲线切割 X 轴的点表示项目的内部收益率,因为内部收益率是使得现金流入现值等于现金流出现值的贴现率,即当 NPV 等于零时的贴现率。

如果单独考虑项目,例如项目 B,则两种方法关于接受或拒绝项目的意见一致。假设贴现率是 r_1,根据 NPV,当 NPV 为正时,我们接受该项目。从图 10.1 我们看到 IRR_B 大于 r_1,因此 IRR 法也接受项目 B。

交叉点是两个净现值曲线相交的点,发生这种情况时的贴现率称为交叉率。如果贴现率高于交叉率,则 NPV 法和 IRR 法一致,如当贴现率为 r_2 时,项目 C 的 NPV 和 IRR 都高

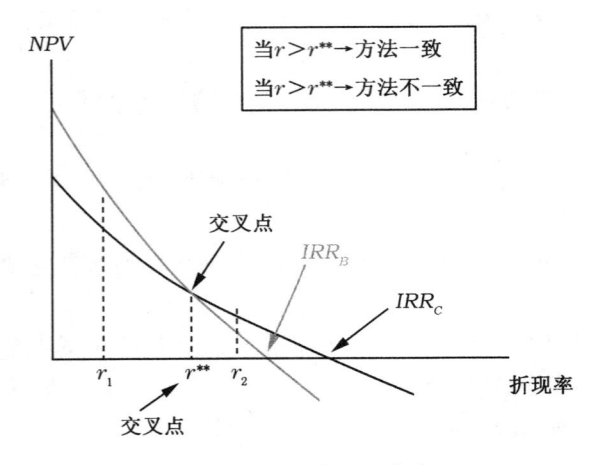

图 10.1 净现值曲线

于项目 B。

NPV 法和 IRR 法之间的排名冲突只有在交叉率高于贴现率时才会出现。当贴现率为 r_1 时,在项目的 NPV 上,项目 B 高于项目 C,因此 NPV 法将项目 B 排序在项目 C 前;但因 $IRR_C > IRR_B$,IRR 法将项目 C 排序在项目 B 之前。

10.2.10 IRR 法的问题(NPV 法与 IRR 法)

IRR 法的一些问题是再投资率假设,以及多个或根本没有 IRR 值的问题。

学习目标

理解 IRR 法的问题。

主要内容

要　点

- IRR 法假定所有现金流入都以内部收益率本身进行再投资,这种假设是不现实的,更合理的假设是,再投资率等于项目的必要回报率。
- 非传统现金流项目有可能产生多个 IRR 值或根本没有 IRR 值。
- 当项目的所有现金流均为负值时,根本不存在 IRR 值。
- 解决再投资率假设和多个 IRR 值问题的一种方法是,使用修正后内部收益率法,达到仅产生一个 IRR 值。

重点名词

- 修正后内部收益率(Modified Internal Rate of Return,MIRR):MIRR 克服了 IRR 的再投资率假设和多 IRR 值可能性的问题。MIRR 方法假设现金流入以必要回报率进行再投资,不同于 IRR 法假设现金流以与 IRR 相等的利率进行再投资。对于多个 IRR 值问题,MIRR 法仅提供一个与项目相关的收益率。
- 非传统项目(Non-Conventional Project):传统项目包括一笔现金流出与随后的一系

列现金流入。所有其他现金流模式都被认为是非传统现金流。例如,现金流可能全部为负值(即全都是现金流出)或者未来可能存在现金流出。
- 笛卡尔符号法则(Descartes Rule of Signs):此法则规定,符号变更的次数给出了等式的实根数。将笛卡尔法则应用于IRR法,IRR值的数量就是现金流的符号变更次数。

1. 再投资率假设

IRR法的隐含假设:公司从项目中获得的现金流可按与IRR值相同的利率进行再投资。这一假设是不现实的,除非这些现金流可以投资于另一个与当前项目具有相同回报的投资或项目。一个更合理的假设是,现金流可以按项目的必要回报率进行再投资,该假设更为现实,因为许多投资由于具有相似的风险而能提供与项目相似的回报。

2. 多个IRR值问题

使用IRR法的一个问题是可能出现多个项目IRR值。当项目具有非传统现金流时,可能会发生这种情况。传统的现金流遵循一种模式,即在时间0时先出现现金流出或负现金流,然后出现正现金流。这种现金流模式可被描述为"－＋＋＋＋＋＋"。当第一笔现金流之后出现负现金流时,就会出现非传统现金流模式。

非传统现金流模式的示例有"－＋－＋－＋－－"或"－＋＋－－＋＋＋＋－"。图10.2显示了一条具有两个IRR值(即NPV＝0)项目的净现值曲线。

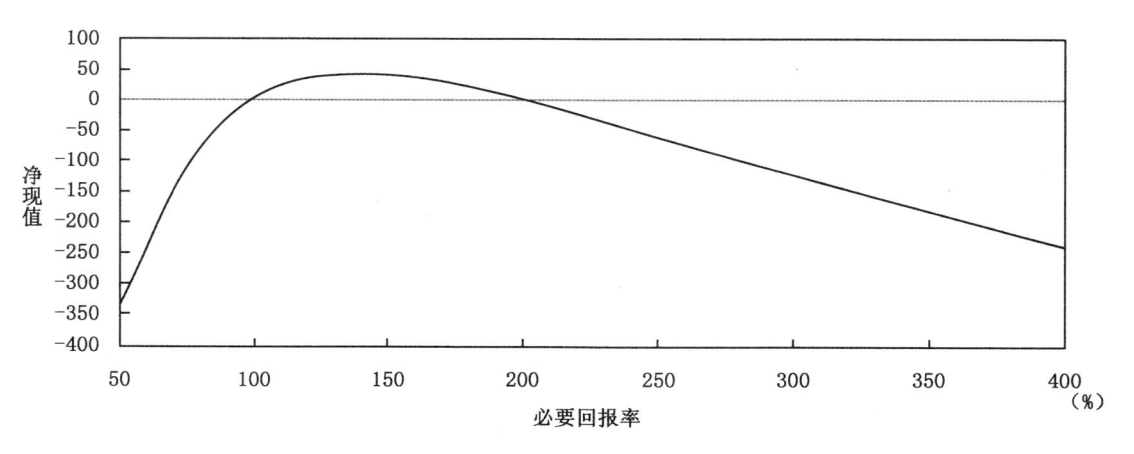

图10.2 具有两个IRR值计划项目的净现值曲线

多个IRR值的问题在于,哪一个IRR值是适用于与必要回报率相比较的。图10.2中两个IRR值分别为100%和200%,假设必要回报率为150%,那么我们应该接受项目吗?若我们选择100%作为IRR值与150%的必要回报率相比较,则我们应拒绝该项目;但若选择200%作为IRR值,则应接受该项目,因为该比率高于必要回报率。

当项目具有非传统现金流时,多个IRR值的可能性使得IRR法难以应用。如上所述,基于哪个比率被视作有效IRR值而与必要回报率比较,该项目可以被接受也可以被拒绝。

3. 无IRR值的情况

另一个问题是可能根本没有IRR值。若项目现金流均为负值,则可能发生这种情况。假设公司建造一些娱乐设施来帮助员工维持健康的生活方式,除最初的建造成本外,还存在维护设施的成本，这导致了一系列的负现金流。如果现金流都具有相同的符号，就会找不到 IRR 值，因此我们不能使用 IRR 值来比较两个相互竞争的设施建设提案。然而，利用 NPV 值，即使两个 NPV 值均为负面，我们仍会选择更高 NPV 值的提案。例如，相比于 NPV＝－58 万美元的提案，我们会选择 NPV＝－50 万美元的提案。

图 10.3 显示了无 IRR 值的净现值曲线。

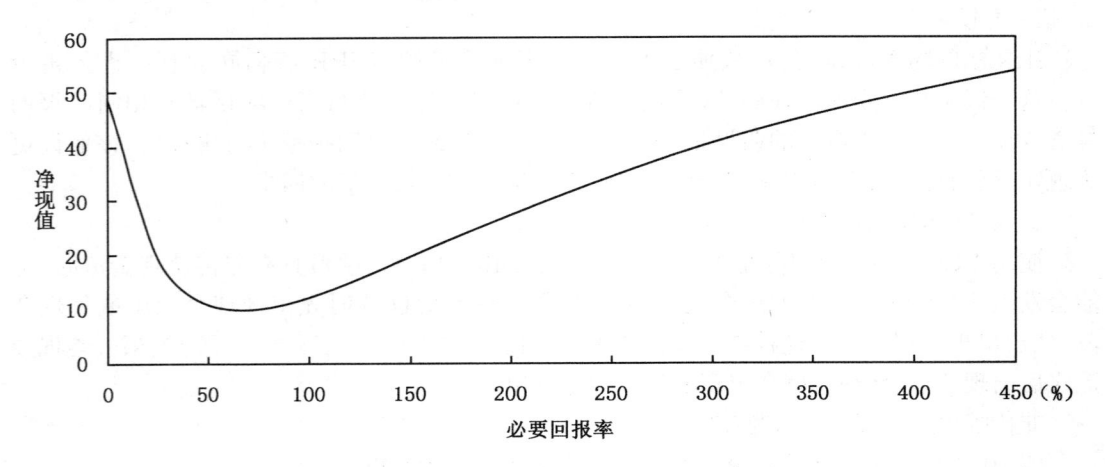

图 10.3 无 IRR 值的净现值曲线

对于现金流模式由一笔现金流出和随后一系列现金流入组成的传统项目，项目将只有一个 IRR 值。为什么会有这种现象？我们又是如何得知的呢？一种方法是绘制净现值曲线，并查看它穿过水平轴的次数。

另一个更直接的方法是使用笛卡尔符号法则。雷内·笛卡尔（Rene Descartes）是 17 世纪法国著名的数学家和哲学家，取得了众多数学成就。笛卡尔符号法则指出，多项式方程的实根数取决于符号变更次数，IRR 值求解类似于多项式方程求解。

我们用以下例子说明符号法则：

假设项目现金流模式为"－ ＋ ＋ ＋ － － ＋ ＋ ＋ －"，其中负号表示现金流出，正号表示现金流入。该模式中存在 4 次符号变更：－到＋、＋到－、－到＋和＋到－，故而该项目具有 4 个 IRR 值。但只有一系列现金流出的项目是没有符号变更的，故而该项目并无 IRR 值。

10.2.11 常见的资本预算陷阱

在做资本预算决策时，有几个常见的错误需要避免。

学习目标

描述常见的资本预算陷阱。

主要内容

要　点

● 净收入不是现金流。

- 考虑到项目风险,确保使用的贴现率是适当的。贴现率高于其应有数值,将导致项目在本应被接受时遭到拒绝。
- 涉及互斥项目时,应使用 NPV 法,IRR 法可能无法做出正确决策。

重点名词
- 机会成本(Opportunity Cost):一个人进行的投资项目与选择不进行的投资项目之间的回报差。
- 每股收益(Earnings per Share,EPS):每股收益通过将公司利润除以普通股的流通股数来计算。
- 股本回报率(Return on Equity,ROE):股本回报率通过将净收入除以股东权益来计算,是公司股东应计回报的会计指标。

虽然资本预算原理看起来相当简单,但在现实世界中应用它们可能会很有挑战性。一些需要避免的常见预算陷阱包括:资本预算模板使用不当;首席执行官的优选项目;基于每股收益、净收入或股本回报率等会计指标的投资决策,但不包括现金流;使用 IRR 法做出投资决策;使用不适当的风险调整贴现率。

(1)资本预算模板使用不当。公司可以开发资本预算模板,以便进行分析与一定程度的标准化。但不当使用模板可能导致为了符合模板而使相关项目的重要信息被遗漏。

(2)首席执行官的优选项目。得意项目通常是对首席执行官有强吸引力但可能很少具有投资价值的项目。这些项目可能会通过资本预算程序而得到实施。

(3)每股收益、净收入或股本回报率。有时项目表现出强劲的每股收益、净收入或股本回报率,但这些是会计指标,根据会计回报率选择的项目可能无法通过 NPV 法的标准。

(4)不当使用贴现率。这类错误通常是未对项目风险进行适当调整的结果。项目加入尚未充分测试的新技术可能导致该错误,或者项目地处外国,因对外国环境的不熟悉而遗漏了一些风险导致该错误。

10.2.12 项目现金流估算

影响现金流的因素有经营、筹资或投资活动。这些因素会对现金流入,流出产生直接影响。

学习目标

定义并估算资本投资的相关现金流。

主要内容

要　点
- 现金流因素是可用于计算衡量组织绩效的参数。
- 现金流分析必须考虑所有现金流构成部分,如机会成本、折旧与维护费用。
- 在估计项目的现金流时,重点是增量现金流。
- 现金流有三种形式,即经营、投资和融资。

- 正现金流表明公司的流动资产在增加。具有大量财务弹性的公司通过避免财务困境成本可以在经济低迷时期表现得更好。

重点名词
- 参数(Parameter)：在实验、计算或类似过程中保持不变的变量。
- 流动性(Liquidity)：短期现金供应能力、偿还短期债务能力。

资本预算程序的第二步(第一步是生成项目相关的现金流,前文已讨论)是估算项目相关的现金流。

涉及新产品、新服务或国家的项目现金流通常难以估计。但是否接受项目的决策取决于资本预算标准,如 NPV 法或 IRR 法,而后者又依赖于现金流的准确性,因为它们是资本预算方法的关键投入。对现金流的过度乐观预测会导致接受项目,当这些项目在实施中遇到未预料到的问题时又难以调整。

用于贴现现金流的适当贴现率应与项目风险相称。若项目与公司不具有相同风险,且在债务与股权方面与公司整体不具有相同比例融资,则该项目原则上排除使用加权平均资本成本(WACC)。

10.2.13 相关现金流(CFS 的估算)

在资本预算问题中,需要小心区分非相关和相关现金流,因为纳入非相关现金流可能会偏向于接受项目的决策。

学习目标

定义和估算资本投资的相关现金流。

主要内容

要 点
- 经营现金流是衡量公司常规业务经营产生的现金流量的指标。
- 融资现金流是指来自发行债券或股权的现金流。
- 投资现金流是有关投资活动产生或花费的现金。
- 自由现金流是分析师常用来评估公司盈利能力的一种指标,代表公司支付支持其经营并维持其资产进行的资本支出后剩余的现金。

重点名词
- 沉没成本(Sunk Cost)：一方面已经产生了沉没成本,您就无法更改沉没成本。另一方面,今天的决定应基于当前和未来的现金流,不应受到先前或沉没成本的影响。
- 机会成本(Opportunity Cost)：一个人所进行的投资项目与选择不进行的投资项目之间的回报差。

1. 财务报表中的现金流量表

企业的现金流量表说明了其净现金流的情况。公司一段时期(通常为一个季度或全年)

的净现金流等于该期间现金余额的变化:若现金余额增加(有更多的现金可用),则净现金流为正;若现金余额减少,则净现金流为负。净现金流总额由以下几个因素组成:

- 经营现金流:由于公司的内部业务活动而接收或支出的现金,包括现金收入加上营运资本的变化。从中期来看,如果公司仍然有偿付能力,则经营现金流应是净正数。
- 投资现金流:出售长期资产或用于资本开支(如投资、收购和长期资产)获得的现金。
- 融资现金流:从债务和股权的发行中获得的现金,或以股息、股票回购或债务偿还方式支付的现金。

2. 产生相关现金流的原因

在分析资本预算问题时,有许多现金流需要考虑,但并非所有现金流均与项目相关。

判断现金流是否相关的测试,即判断现金流是否因公司接受项目而产生问题。

假设公司决定批量生产和销售一个吸尘器的新系列,将在其自有土地上建造一家新工厂来生产。六个月前该公司委托就如何使用这块土地进行了可行性研究。这个项目的相关现金流是什么?出售新吸尘器产生的现金流以及制造、销售吸尘器的成本属于相关成本,建造工厂的成本也是如此。那么可行性研究的费用与项目相关吗?

如果公司使用土地建造工厂,则需放弃将土地用于其他目的;若公司不想自用这块土地,则可以出租甚至卖掉土地。这意味着土地的价值就是相关现金流,代表了项目成本。这种放弃其他用途的成本称为机会成本。由于可行性研究的费用是在前一年发生的,因此为沉没成本,而非因项目产生,就项目而言并不相关。新吸尘器系列可能对公司目前正销售的现有吸尘器造成冲击或损失。现有销售损失的副作用应计入项目分析。

10.2.14 计算经营现金流(CFS 的估算)

经营现金流包括公司主要业务活动产生的所有现金。

学习目标

定义并计算经营现金流(OCF)。

主要内容

要 点

- 在现金流量表上描述经营现金流的方法有两种:间接法和直接法。
- 经营现金流至关重要,因为它有助于分析师更好地洞察公司核心业务或经营健康状况。
- 不影响现金的经营费用最常见示例是折旧。

重点名词

- 摊销(Amortization):逐步注销资产初始成本的行动或过程。
- 折旧(Depreciation):折旧是将有形资产或实物资产的成本分配给其使用寿命或预期寿命的会计方法,为非现金支出,理想情况下不应对现金流产生任何影响。
- 净营运资本(Net Working Capital):营运资本,也称为净营运资本(NWC),是公司流动资产与流动负债之间的差额。

步骤1：估算现金流

Star印刷公司已收到新的印刷订单，但它已在满负荷生产中。为接受新订单，公司需要购买新打印机。有关订单、新机器和其他成本的详细信息如下所示：

第1年销售额：800 000美元

第2年销售额：880 000美元

第3年销售额：9 600 000美元

可变成本＝销售额的80%

该项目需要额外净营运资本30 000美元来应对。

新机器成本：400 000美元

机器寿命：3年

3年末机器残值：100 000美元

3年内直线折旧至零

使用新机器每年节省成本：10 000美元

这些是公司在项目开始时为启动项目需要产生的资金流出。

初始投资＝新资产成本＋安装和交货成本－投资税收抵免（若有）＋额外的营运资本

如果有任何安装和交货成本，则应将这些成本添加到资产成本中。原因是资产要发挥作用，需确保其作用的任何成本都被纳入资产成本。总成本被称为折旧费用，基于此可进行折旧。

营运资本包括公司经营所需的流动资产（如现金、应收账款和库存）。随着业务规模的扩大，营运资金也相应增加。为了简单性，营运资本水平会在项目期初增加。这种营运资本的增加被认为是初始投资的一部分。

例如，新机器成本为400 000美元，额外净营运资本为30 000美元，初始投资为前两项之和，即430 000美元。

步骤2：估算经营现金流

经营现金流是指项目生命周期内所获净收益。为计算这些现金流，我们使用损益表框架，并将它们分为三组。

现金流损益　　　　　　　　　　　　　　　　　　单位：美元

年　份	1	2	3
销售额	800 000	880 000	960 000
减　可变成本(80%)	(640 000)	(704 000)	(768 000)
毛利润	160 000	176 000	192 000
加　节约成本	10 000	10 000	10 000
EBITDA	170 000	186 000	202 000
减　折旧	(100 000)	(100 000)	(100 000)
EBIT	70 000	86 000	102 000
减　税(30%)	(21 000)	(25 800)	(30 600)
税后净营业利润(NOPAT)	91 000	111 800	132 600
OCF(NOPAT＋折旧)	191 000	211 800	232 600

经营现金流通过将折旧费用加到税后净营业利润中得到。由于折旧是非现金支出,因此不影响现金流。

10.2.15 计算资产的现金流(CFS 的估算)

资产的现金流是与项目相关的所有现金流总和。

学习目标

定义并计算资产的现金流。

主要内容

要 点

- 资产现金流的计算方法:营运现金流是先减去净营运资本的资本支出和额外支出再加上。
- 资产的负现金流不应引起关注,因为它表明公司正在投资。
- 这项指标没有考虑融资影响。增加借款或出售股票可以抵消任何资产的负现金流。

重点名词

- 残值(Salvage Value):公司在资产使用年限末处置资产时所期望的资产估计价值。

在项目结束时,除经营现金流外,我们必须考虑当年的其他现金流,这些其他现金流为营运资金的回报和资产残值减去税收调整。

若残值与账面价值不等,则需要调整税收。对于我们的项目,两个值相等,故而不必进行税收调整。

但若两个值之间存在差异,则会导致机器折旧不足或过度折旧,以及持续过度纳税或纳税不足。

【示例 2】

机器成本:10 000 美元

预期寿命:5 年

预期残值:寿命末期 2 000 美元

寿命末期机器售价:1 000 美元

机器的年度直线折旧=(10 000－2 000)÷5＝1 600(美元)

总折旧＝1 600×5＝8 000(美元)

基于正确残值计提折旧＝10 000－1 000＝9 000(美元)

因此,公司集体的折旧不足为:9 000－8 000＝1 000(美元)

超额纳税＝1 000×30％＝300(美元)

表 10.5 总结了三组现金流。

表 10.5   三组现金流   单位:美元

年 份	0	1	2	3
OCF		191 000	211 800	232 600

续表

年 份	0	1	2	3
新机器成本	(400 000)			
新营运资产变化	(30 000)			30 000
机器残值				100 000
一残值税				(30 000)
CFFA	(430 000)	191 000	211 800	332 600

参考文献/拓展阅读

Ross S, Westerfield R, & Jordan B(2002), *Fundamentals Of Corporate Finance*(6th ed), McGraw-Hill Irwin, chaps. 9 and 10.

练习题

习题 1

基于某资本项目的如下现金流，计算其投资回收期和贴现投资回收期，必要回报率为 10%。

年 份	0	1	2	3
现金流	−30 000	15 000	15 000	15 000

贴现投资回收期为（　　）。

A. 比投资回收期长 0.15 年
B. 比投资回收期长 0.25 年
C. 比投资回收期长 0.35 年

习题 2

如果必要回报率为 10%，现金流如下所示，则 NPV 和 IRR 最接近于（　　）。

年 份	0	1	2	3
现金流	−30 000	15 000	15 000	15 000

A. 6 105 美元　　19.9%
B. 7 303 美元　　23.4%
C. 8 656 美元　　26.9%

习题 3

你购买的永续债券价格为 1 000 美元，每年需支付 60 美元的免税票息。若必要回报率为 5%，那么投资的获利指数为（　　）。

A. 1.05　　　　　　　B. 1.06　　　　　　　C. 1.20

习题 4

以下属于沉没成本示例的是（　　）。

A. 上年完成的 15 000 美元市场分析成本

B. 因断货导致的 3 000 美元销售损失

C. 若公司选择租赁另一栋建筑,则会产生 10 000 美元不可退还的保证金

习题 5

请您评估以下两个项目,使用 10% 的贴现率。

项　目	A	B
初始费用	10 000 美元	15 000 美元
生命周期	4 年	3 年
现金流入	3 500 美元/年	6 000 美元/年

如果项目独立,则您的决策是（　　）。

A. 接受 A 项目并拒绝 B 项目

B. 拒绝 A 项目并接受 B 项目

C. 接受这两个项目

习题 6

根据习题 5 的两个项目数据,如果项目是互斥的,您的决策是（　　）。

A. 接受 A 项目并拒绝 B 项目

B. 拒绝 A 项目并接受 B 项目

C. 拒绝这两个项目

习题 7

在估算项目增量现金流时,最有可能排除的是（　　）。

A. 利息成本　　　　　　B. 外部性　　　　　　C. 机会成本

习题 8

在评估两个项目时,IRR 和 NPV 之间的排名冲突将（　　）。

A. 不会发生

B. 当贴现率高于两个净现值曲线的交叉率时发生

C. 当贴现率低于两个净现值曲线的交叉率时发生

习题 9

您拥有一家礼品销售商店。根据下列情形您会使用 NPV 法或 IRR 法的是（　　）。

①再开一家商店

②为即将到来的圣诞假期,决策订购多少件物品

③除礼品外销售零食

A. ①　　　　　　　　　B. ①②　　　　　　　　C. ①③

习题 10

当出现（　　）情况时 IRR 分析可能无法提供与 NPV 分析相同的排序。

A. 必要回报率过高　　　B. 项目是独立的　　　　C. 项目是互斥的

参考答案

习题 1
答案:选项 C 是正确的。

年　份	0	1	2	3
现金流	−30 000	15 000	15 000	15 000
累　计	−30 000	−35 000	0	15 000
贴现 CF	−30 000	13 636.36	12 396.69	11 269.72
累计 DCF	−30 000	−16 363.64	−3 966.94	7 302.78

上表中,累计现金流 2 年内抵消了初始投资,投资回收期为 2 年。贴现投资回收期为 2 至 3 年,即:2+3 966.94÷(3 966.94+7 302.78)=2.35(年);比投资回收期长 0.35 年,即: 2.35−2.00=0.35(年)。

习题 2
答案:选项 B 是正确的。

$$NPV = -30\ 000 + \frac{15\ 000}{1.1} + \frac{15\ 000}{1.1^2} + \frac{15\ 000}{1.1^3}$$

$$NPV = -30\ 000 + 13\ 636.36 + 12\ 396.69 + 11\ 269.72$$

$$NPV = 7\ 302.78$$

利用财务计算器,IRR 值为 23.4%。

习题 3
答案:选项 C 是正确的。

未来现金流的现值为 $PV = \frac{60}{0.05} = 1\ 200$

获利指数为 $PI = \frac{PV}{投资} = \frac{1\ 200}{1\ 000} = 1.2$

习题 4
答案:选项 B 是正确的。
沉没成本是指已经花费且无法收回的资金。

习题 5
答案:选项 C 是正确的。
利用财务计算器,两个项目的 NPV 值为:
项目 A:N=4,I=10,PMT=3 500;NPV=3 713
项目 B:N=3,I=10,PMT=6 000;NPV=2 703
对于独立项目,接受所有具有正 NPV 的项目。

习题 6
答案:选项 A 是正确的。

接受具有较高 NPV 的项目。

习题 7

答案：选项 A 是正确的。

通过贴现过程考虑项目的融资成本。

习题 8

答案：选项 C 是正确的。

当贴现率低于交叉率时，IRR 和 NPV 之间会发生排名冲突。

习题 9

答案：选项 C 是正确的。

再开一家商店的情况 1 需要资本预算评估，故而使用；启动不同业务线的情况 2 也是如此，这是一个经营问题。

习题 10

答案：选项 B 是正确的。

当项目独立时，NPV＞0 意味着 IRR＞贴现率，故而 NPV 法接受的项目也将被 IRR 法接受。但当项目互斥时，可能发生排名冲突，NPV 法接受的项目可能不被 IRR 法接受，故而选项 C 不是答案。选项 A 不正确，是因为它模糊了必要回报过高的问题。

第五部分

营运资金和风险管理

第 11 章　短期流动性的来源

11.1　主要和次要来源

主要和次要来源通常是公司流动性的两大来源。对于一个公司来说,它的流动性来源是所有可以用来产生现金的资源。

学习目标
明确流动性的主要和次要来源。

主要内容

要　点

- 流动性的主要来源是公司持有的现金、投资于流动性强的短期证券如定期存单和货币市场证券,以及业务产生的现金流。
- 流动性的次要来源包括:通过与债权人谈判延长债务期限来减少偿债所需的金额;清算资产、申请破产和重组产生的现金流。最后一种方法允许公司在重组业务的同时停止向债权人付款。
- 公司的流动性状况受到现金流入或现金流出的影响。

重点名词

- 流动性管理(Liquidity Management):流动性管理是指一个公司确保它满足其短期财务义务的过程。
- 流动性拖累(Drag on Liquidity):应收账款回收缓慢会影响流动性。收账缓慢意味着需要资金来支付在收账更有效的情况下本可以得到的现金流。
- 流动性拉动(Pull-on Liquidity):当公司过快地向商品或服务供应商付款时,就会产生对流动性的拉动,这也可能是由于贸易信贷有限造成的。流动性拉动意味着公司需要资金来支持从支付现金到销售中收到现金的这段时间。

营运资金管理是管理公司短期资产和短期负债以确保公司有足够的流动性来支付到期款项的过程。这些款项包括支付短期负债,如应付账款和公司经营中发生的费用。除了管理现金,公司还必须管理流动资产的其他组成部分,如应收账款、存货和应付账款。

为了满足流动性需求,公司可以利用两种流动性来源,即主要来源和次要来源。流动性的主要来源涉及公司的正常运营,而次要来源不涉及。

1. 流动性的主要来源

流动性的主要来源是指公司在需要时可以随时使用的资源。当使用主要的流动性来源时,公司的正常运营预计不会受到影响。

主要来源包括:银行账户的现金余额、从客户处收取的现金,以及因所持货币市场工具出售或到期而产生的现金;短期资金,包括贸易信贷、银行信贷额度和短期投资组合。现金流管理是指公司对现金的有效管理,这涉及有效利用其收款系统,还涉及为拥有许多办公地点的公司整合不同地点的资金。大型银行通过在许多公司的所在地设立分支机构来促进银行服务的整合。公司多个账户的进一步整合意味着,当涉及多个银行时,一家银行的现金余额需要低于不同银行的现金余额之和。

2. 流动性的次要来源

与流动性的主要来源不同,使用次要来源可能会改变公司的财务和经营状况。

次要来源包括:与债权人协商债务重组,以便在更长的期限内偿还债务从而降低当前的利息支付,并在需要的情况下部分偿还本金;出售资产以获取资金,例如出售公司占有的建筑物,然后从购买者手中把它们租回来;申请破产保护和重组可以使公司在暂时重组业务的同时停止向债权人付款。

次要来源应在主要来源的资金耗尽后才使用,因为次要来源可能会对公司的业务前景发出负面信号。作为最后的手段,公司可以申请破产保护,因为这将暂时暂停向债权人的支付。这一举措允许公司继续其业务运作,直到制订并批准重组计划。

3. 影响公司流动性状况的因素

现金流交易(现金收支)对公司的流动性状况有显著影响。我们将这些影响称为对流动性的拖累和拉动。当应收账款收得太慢时,流动性就会受到拖累。这意味着当需要资金支付时,公司就不能指望这些在应收账款回收效率更高的情况下本可以使用的资金。因此,公司需要提供资金来弥补应付款项和从客户那里收到的现金之间的差额。

假设应收账款没有及时收回,在支付方面,由于资金可用性减少,资金外流将导致流动性"拖累"。

拖累流动性的因素包括:未收得的应收账款;过时库存;由于信贷紧缩而难以获得的短期资金。

如果支付过早,那么流动性将受到拉动,因为现金余额将在从销售获得的资金补充之前被抽走。对流动性的影响包括:提前付款;减少供应商的信用额度;短期借款限额;公司流动性较低。

11.2 经营周期和现金循环周期

经营和现金循环周期是衡量流动性的指标,用来衡量一个公司的经营和财务效益。

学习目标

计算公司的经营周期和现金循环周期,并使用这些措施来评估公司管理其营运资本的有效性。

主要内容

要　点
- 经营周期(OC)是从收到存货到收到销售货物的现金所花的时间。
- 经营周期是两个周期的总和：库存天数和平均收款期。
- 现金循环周期(CCC)衡量的是从购买存货的支付到销售货物的现金收入这一期间。
- CCC 是 OC 与应付账款期之间的差额，应付账款期是公司支付其账单所需的平均时间。

重点名词
- 存货(Inventory)：指可供销售的商品和用于生产可供销售商品的原材料。
- 应收账款(Receivable)：应收款是指客户因销售商品或提供服务而欠下的未付款的债务。
- 应付款项(Payable)：应付款项是企业因购买商品或使用服务而欠供应商的金额。

一个经济体中的公司通常是销售产品或服务。为了简单起见，我们的讨论将集中在产品的上下游，无论是制造商还是零售商。

一方面，制造商购买原材料，将其转化为成品然后出售；另一方面，零售商购买成品再转售。在这两种情况下，货物（原材料或制成品）是赊购的，需要在以后偿还，这一期间被称为应付账款周期。同时，原料转化为成品并销售需要时间；对于零售商来说，批发商的货物需要一段时间才能卖出去。在任何一种情况下，这段时期都被称为存货周期。

如果货物是以赊销的方式出售，那么从销售到收回现金的这段时间被称为应收账款周期。经营周期是指从购买或收到商品直至获得售卖该商品收入的时间间隔，它包括存货期和应收账款期。一个经营周期的图解如图 11.1 所示。

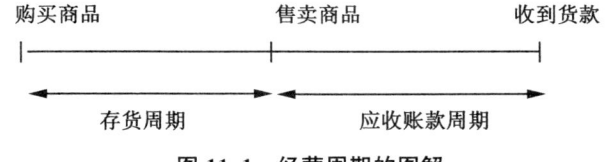

图 11.1　经营周期的图解

经营周期计算如下：

$$经营周期 = 存货周期 + 应收账款周期 \qquad (11.1)$$

式中，

$$存货周期 = \frac{365}{存货周转率} \qquad (11.2)$$

$$应收账款周期 = \frac{365}{应收账款周转率} \qquad (11.3)$$

现金周期是指从支付供应商现金到从客户那收到现金的这段时间。

在现金流中弥补这种错配所需要的现金是营运资本的一部分。现金周期的说明如图 11.2 所示。

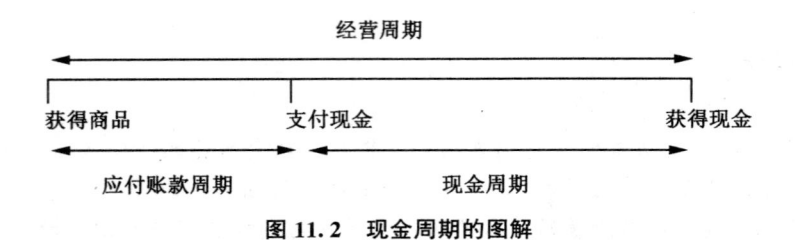

图 11.2 现金周期的图解

现金周期的计算方法如下：

$$现金周期 = 经营周期 - 应付账款周期 \tag{11.4}$$

式中，

$$应付账款周期 = \frac{365}{应付账款周转率} \tag{11.5}$$

现金周期会是负的吗？如果在公司向供应商付款之前顾客就先支付了货款，那么现金周期为负。因此，公司不需要一开始就用现金来偿还债权人。例如，一家餐厅从顾客那里收取现金，但从供应商那里获得信贷。

图 11.3 显示了在现金周期为负的情况下关于货物和现金流的时间安排。请记住，现金周期是从向公司债权人支付现金到从客户那里收到现金为止。

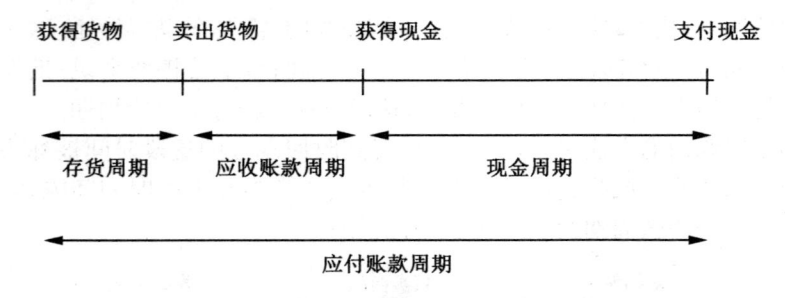

图 11.3 现金周期的图解（现金周期为负）

当现金流顺序颠倒时，即先从客户那里收到现金然后支付给债权人，会产生一个负的现金循环。这种情况对流动性比率（如流动比率）有什么影响？

$$流动比率 = \frac{流动资产}{流动负债} \tag{11.6}$$

一般公司支付给供应商的现金来自客户的应收账款。但是，如果公司不能出售它生产或从批发商那里购买的产品，或者如果购买产品的客户付款缓慢或不付款，那么公司在向供应商付款方面将处境困难。因此，企业需要比其流动负债多得多的流动资产，也就是说，流动比率要远远大于 1。流动资产与流动负债的差额是客户延迟付款的缓冲。

然而，对于一个负现金周期的公司，它的经营周期比应付款期短得多，这样可以更好地管理自己的现金流，因为它从客户那里获得的收入比付给供应商款项要早。它不需要维持额外流动资产对流动负债进行缓冲，其流动比率可以远低于 1。

管理现金周期是公司整体现金管理的一部分。在后面关于现金预算的部分中，我们将展示如何把从客户收到的现金和支付给供应商的现金与公司的其他现金流入和现金流出相结合。

【示例】

平均应收账款	25 000 美元
平均库存	50 000 美元
平均应付账款	40 000 美元
赊销	300 000 美元
销货成本	180 000 美元
总购买	200 000 美元

根据以上数据，应收账款周期、库存周期、应付账款周期、经营周期和现金周期是多少？

答案：

1. 应收账款周期

应收账款周转率是企业从客户那里收回信贷的平均次数。

应收账款周转率＝赊销/平均应收账款＝300 000/25 000＝12（次）

应收账款周期＝365 天/应收账款周转率＝365/12＝30.42（天）

平均来说，客户需要 30.42 天来支付贷款。如果公司给予客户 30 天的信用期，那么 30.42 天的应收账款周期意味着客户迅速付清了他们的信用款。

2. 库存周期

存货周转率表示原材料或货物在卖给客户之前进入公司的次数，也可以理解为公司在一年内更换其库存的次数。

存货周转率为销货成本/平均存货＝180 000/50 000＝3.6（次）

存货周期＝365/存货周转率＝365/3.6＝101.39（天）

平均而言，库存在售出前会在货架上停留 101.39 天。如果该公司销售的是像电视和家具这样的耐用品，那么这个存货期限是相当合理的。然而，如果商品在超市货架上放了 3 个月以上，那就会成为一个问题。

3. 应付账款周期

应付账款周期与应收账款周期有点相似，除了我们处理的是支付给公司供应商的款项。该周期的计算方法如下：

应付账款周转率＝采购总额/平均应付账款＝200 000/40 000＝5（次）

应付账款周期＝365/应付账款周转率＝365/5＝73（天）

平均需要 73 天向供应商付款。如果供应商给公司 60 天的时间来付清货款，公司可能需要加快付款。该公司需要有付款及时的信誉，特别是对主要供应商。当供应受到限制时，如供应链中断，供应商会把现有的库存配给更好的客户。而那些与供应商关系较低的客户获得稀缺库存的优先权较低。

4. 经营周期

经营周期是指从购买存货到公司从出售存货并获得资金的这段时间。经营周期包括两个周期：存货周期和应收账款周期。

企业的经营周期＝存货周期＋应收账款周期＝101.39＋30.42＝131.81（天）

5. 现金周期

现金周期等于经营周期减去应付账款周期。它是指公司必须为其存货和应收账款融资的天数。

现金循环周期＝经营周期－应付账款周期＝存货周期＋应收周期－应付周期
＝101.39＋30.42－73＝58.81(天)

在这个例子中，公司必须从售出存货到收取客户付款之前58.81天结算存货。缩短这一现金周期将减少营运资金所需的数额。

参考文献/拓展阅读

Ross S, Westerfield R, & Jordan B(2002), *Fundamentals Of Corporate Finance*, 6th ed, McGraw-Hill Irwin, pp. 666－699.

练习题

习题 1

下列属于流动性主要来源的是(   )。

A. 与债权人协商重组债务

B. 银行账户现金余额

C. 申请破产保护和重组

习题 2

以下属于现金周期定义的是(   )。

A. 存货周期加应收账款周期

B. 经营周期减去存货周期

C. 经营周期减去应付账款周期

使用以下数据来回答习题3和习题4：

赊销	500 000 美元
销货成本	200 000 美元
应收账款	80 000 美元
库存	50 000 美元
应付账款	60 000 美元

习题 3

经营周期最接近(   )。

A. 95 天   B. 146 天   C. 150 天

习题 4

现金周期最接近(   )。

A. 40 天   B. 44 天   C. 58 天

使用以下数据来回答习题5和习题6：

应收账款周转率7次；

应付账款周转率 4 次；

该公司实行无库存方式来管理微不足道的库存；

该公司给予客户 60 天的信用期；

该公司的供应商给予平均 80 天的信用期。

习题 5

经营周期最接近（　　）。

A. 50 天　　　　　　　　B. 60 天　　　　　　　　C. 80 天

习题 6

现金周期最接近（　　）。

A. －40 天　　　　　　　B. 20 天　　　　　　　　C. 40 天

参考答案

习题 1

答案：选项 B 是正确的。

银行账户的现金余额是流动性的一个主要来源。

选项 A 和选项 C 不正确。两者都会影响公司的正常运营，特别是在破产保护下的公司重组。

习题 2

答案：选项 C 是正确的。

现金循环周期是库存天数和应收账款周期减去应付账款周期的总和。

习题 3

答案：选项 C 是正确的。

库存周期＝365÷(200 000÷50 000)＝91.3（天）

应收账款周期＝365÷(500 000÷80 000)＝58.4（天）

经营周期＝91.3＋58.4＝149.7（天）

习题 4

答案：选项 A 是正确的。

应付账款周期＝365÷(200 000÷60 000)＝109.5（天）

现金周转周期＝经营周期－应付账款周期＝149.7－109.5＝40.2（天）

习题 5

答案：选项 A 是正确的。

存货周期＝0

应收账款周期＝365/7＝52.1（天）

经营周期＝0＋52.1＝52.1（天）

习题 6

答案：选项 A 是正确的。

应付账款周期＝365/4＝91.3（天）

现金周转周期＝经营周期－应付账款周期＝52.1－91.3＝－39.2（天）

第 12 章 企业风险的框架与类型

12.1 套期保值策略

套期保值策略是一种行动计划,旨在将对资产或负债价值产生不利影响的价格变化风险降至最低。

学习目标

定义企业风险管理,了解各种套期保值策略。

主要内容

要 点

- 套期保值是一种风险管理策略,旨在抵消不利价格波动造成的投资损失。套期保值是通过在相关资产中持有相反的头寸来实现的。
- 套期保值是有代价的。风险降低了,收益也就降低了。
- 在公司财务中,风险管理包括对经营风险和财务风险的测量、监测和控制。公司的风险可以用风险价值(VaR)来概括。公司的特定方面也可以通过风险利润(PaR)或风险保证金来监控。

重点名词

- 风险价值(VaR):以公司在一定信心水平下特定时期内将承受的损失金额来衡量财务风险。
- 风险利润(PaR):衡量一段时期内有形资产和金融资产组合盈利能力是否有下降的风险。这是一种经常用于能源行业的衡量方法。
- 套期保值(Hedge):套期保值是一种投资,用以抵消资产中不利价格变动带来的风险。

公司面临的内部或外部因素会对其盈利能力甚至生存产生负面影响。公司风险管理包括公司为最小化此类风险而采取的措施。风险管理不仅仅是风险专家关心的问题,还是每个员工都需要注意的问题。为了防止不利情况造成的损失,公司对人员和技术实行内部控制。虽然这样的系统比较全面,但它们不能涵盖所有的可能性。每个员工都必须对其职责范围内可能对公司产生不利影响的发展保持敏感。

为了管理风险,公司需要知道自己受到不利价格波动或事件的影响有多大。风险价值

(VaR)是衡量整体风险暴露程度的一种方法。VaR 衡量的是不利事件发生时公司在特定时期(通常是一天)将承受多少损失。这种度量需要一定程度的统计置信度,随着置信度的提高,VaR 值也将随之增加。与公司的总体亏损相比,风险利润(PaR)衡量的是不利事件可能会减少实物与金融资产组合的盈利能力。

1. 风险类型

五种主要的企业风险类型包括战略风险、合规风险、财务风险、声誉风险和运营风险。

(1)战略风险是指企业战略决策的失败对企业造成的影响。

(2)合规风险包括因未遵守外部法规和法律而受到的法律和财务惩罚。

(3)财务风险是指公司使用过多的杠杆来为其投资和运营提供资金而产生的损失风险。

(4)声誉风险是指可能发生的事件将影响公众对公司的关注。这类事件的例子包括受污染产品的召回,或一位高管因腐败指控而被捕。此类事件的影响是,客户或企业对公司的诚信失去信心,减少了与公司的业务往来。

(5)运营风险是指任何中断业务流程的事件可能导致的损失。

2. 套期保值策略的分类

套期保值策略是公司用来使风险最小化的一种方法。这些风险会对其收入或成本产生不利影响。例如,大宗商品生产商面临的一个重大风险是大宗商品价格下跌。对于其他公司来说,原材料价格的上涨以及无法将增加的成本转嫁给客户将导致盈利能力下降。为了降低这些风险,公司可能会使用金融工具。

套期保值策略可大致分为以下几种。

(1)远期合约。它指双方在特定日期以特定价格买卖资产的合约。例如,航空公司可以为其燃料签订远期合同,以锁定其支付的价格。

(2)期货合同。它指双方根据期货交易所规定的条款买卖资产的合同。条款规定了价格、数量和合同期限。

(3)货币市场。货币市场指交易期限少于一年的金融工具的交易场所。

(4)自然对冲。自然套期保值是一种用于降低公司运营风险的策略。自然对冲的一个例子是在国外销售产品的公司,为了减少外汇风险,可以将生产设施设在该国。大部分的生产成本和收入是以相同的外币计价的。

(5)对冲基金。有如此多不同的对冲基金策略。对冲基金唯一的共同特点是宽松的监管。20 世纪 50 年代使用的第一个对冲基金策略体现了对冲的概念。该基金试图购买其认为被低估的股票来获利,采取卖空同一行业被高估的股票来对冲其投资。基金使用这种方法能够避免暴露于影响所有股票的市场风险中。如果市场下跌,则该基金购买的股票将蒙受损失。这一损失将被它做空股票的收益所抵消。

12.2 套期保值的决定

套期保值旨在使公司能够减轻其销售产品或成本因价格变化所带来的不利影响。

学习目标

理解套期保值的决定。

主要内容

要　点

- 利率、汇率或其他市场因素的变化会对公司的盈利能力产生不利影响。一些基金经理在做对冲决策时，会考虑自己对价格走势的看法。然而，对市场走势注入个人观点也会带有风险因素，因为市场走势基本上是不可预测的。
- 当公司进行套期保值时，必须权衡套期保值的收益和获得套期保值的成本。

重点名词

- 现金流(Cash Flow)：现金流包括销售商品或服务产生的现金，以及支付费用和购买原材料或转售商品的现金流出。
- 商品(Commodity)：用于商业的基本商品，可与其他同类商品互换。商品最常被用作生产其他商品或服务的投入。某一特定商品的质量可能略有不同，但它在生产者之间基本上是一致的。

套期保值的原因包括：实现稳定的现金流；确定商品的销售价格和购买价格；降低公司在商品中处于突出地位的风险。

一个公司会试图以相对稳定的价格出售其商品或服务，因为价格的变化会影响需求。为此，该公司试图消除公司成本的可变性。相对稳定的价格有助于公司的规划过程。价格稳定使公司能够专注于其核心业务，并做出长期承诺。为了稳定价格，该公司经常采取套期保值的手段。

在做套期保值决策时需要考虑多种因素。对于预期的一次性事件，如预期的合同或收购，公司需要决定是完全对冲还是部分对冲。在部分套期的情况下，套期金额可能基于成功的概率。公司会随着承诺的确定性增加而增加对冲金额。当公司从海外进口原材料并在国外市场销售时，就会发生持续的外汇风险。公司可能会考虑使用自然的套期保值，比如用同样的货币将成本与收入相抵。其他考虑因素包括对冲预期风险敞口的期限，以及对冲是否会推迟公司将面临的经济现实。

该行业的性质和公司对风险的偏好决定了是否对冲。商品的使用者和生产者经常进行套期保值，以确保他们为购买商品所支付的价格或他们出售商品所收到的价格的相对确定性。例如，石油生产商可能希望对冲其生产的石油价格。套期保值使公司能够对其现金流有一定的确定性，以计划投资支出，如勘探新油田。

参考文献/拓展阅读

[1] Maginn J, Tuttle D, McLeavey D etc(2007), *Managing Investment Portfoliosa Dynamic Process*, 3rd ed, CFA Institute, pp. 579—596, 598—604.

[2] Ross S, Westerfield R, & Jordan B(2002), *Fundamentals Of Corporate Finance*, 6th ed, McGraw-Hill Irwin, pp. 803—831.

练习题

习题 1

下列对市场风险描述最准确的是(　　)。

A. 由于市场效率低下而造成损失的风险

B. 由于市场失灵而造成损失的风险

C. 由于影响整个市场的事件而造成损失的风险

习题 2

VAR 是对(　　)的度量。

A. 系统风险

B. 公司在一年中所能承受的最大损失

C. 公司在一段时间内可能承受的损失

习题 3

以下属于风险管理作用的是(　　)。

A. 帮助公司招聘合格的员工

B. 使公司避免破产

C. 有助于公司把握有利可图的投资机会

参考答案

习题 1

答案:选项 C 是正确的。

市场风险是指影响市场上所有证券的风险。选项 A 是不正确的,因为市场效率低下会影响单一证券。市场失灵是指市场不能有效地分配资源、商品或服务。

习题 2

答案:选项 C 是正确的。

VAR 是一种影响公司的风险度量,因此不是系统性的。VAR 考虑的是某段时间内损失的概率,所以选项 B 是不正确的。

习题 3

答案:选项 C 是正确的。

风险管理可能不是人们加入公司的诱因。虽然风险管理可以降低破产发生的概率,但并不能保证公司不会破产。如果一个公司的风险管理不足,就不能把握好的投资机会,因为投资会被认为风险太大。